法学理论与法律基础

蔡相辉　周殿学　李婧◎主编

中国商业出版社

图书在版编目（CIP）数据

法学理论与法律基础 / 蔡相辉, 周殿学, 李婧主编
. -- 北京 : 中国商业出版社, 2023.8
ISBN 978-7-5208-2599-3

Ⅰ. ①法… Ⅱ. ①蔡… ②周… ③李… Ⅲ. ①法学—研究②法律—研究—中国 Ⅳ. ①D90②D920.4

中国国家版本馆CIP数据核字(2023)第164450号

责任编辑：袁　娜

中国商业出版社出版发行
（www.zgsycb.com　100053　北京广安门内报国寺1号）
总编室：010-63180647　编辑室：010-83128926
发行部：010-83120835/8286
新华书店经销
天津和萱印刷有限公司印刷

*

787毫米 × 1092毫米　16开　10 印张　160千字
2023年 8月第 1 版　　2023年 8月第 1 次印刷
定价：58.00 元

****

（如有印装质量问题可更换）

前言 / PREFACE

法学理论是时代法律精神的集中体现。每一个历史时期的法学理论研究，都应当密切关注时代提出的种种问题。法学理论绝不能成为游离于现实世界之外的主观遐想，而必须参与生动的现实生活，反映并解读时代生活的各种关系，成为法律文明的活的灵魂。因此，以理性的目光，自觉地审视时代的法律变革进程所提出的重大问题，这是当代中国法学理论的历史使命。法学理论不仅从内部（即就其内容来说），而且从外部（即就其表现来说），都要和时代的法制创新过程相接触并产生相互作用，只有把时代的最宝贵和最神圣的精髓融于法学理论之中，才能使之成为时代的法律问题的理性认识系统。因此，深入开展法学理论与法律基础研究，有着十分重要而现实的意义。

本书从法学基础理论切入，详细阐述了法学的界定、品格、历史和法学基础理论及其研习意义，深入探讨了法律的词源词义、基本特征、本质属性、构成要素等内在质素和法律的渊源、类型、体系、法系、历史类型等外在形式，系统论证了立法的界定、立法体制、我国立法的基本原则与程序、规范性法律文件系统化，深入探析了执法、司法、守法、法律监督和法律人文精神、法律与人权、自由、平等、安全，点面俱到，繁简适中，架构完整清晰，注重实用性、系统性、严谨性，旨在为法学理论与实践研究提供一些借鉴与参考。

在撰写过程中，为提升学术性与严谨性，笔者参阅了大量的文献资料，引用了一些同人前辈的研究成果，因篇幅有限，不能一一列举，在此一并表示最诚挚的感谢。

由于法学理论与法律基础涉及的范畴比较广，需要探索的层面比较深，在撰写的过程中难免有不足，对一些相关问题的研究不透彻，恳请前辈、同行以及广大读者斧正。

目　录 / CONTENTS

第一章 导论

第一节　法学的界定

现代意义的“法学”一词来自西方，源自古拉丁语，原意为“法律的知识和技术”。我国古代则称为“刑名之学”“刑名法术之学”或“律学”。19世纪末20世纪初，随着清政府实行法律改革，现代意义上的“法学”从日本传入我国，从此，该词逐渐在我国使用开来。1906年，直隶法政学堂正式开设“法学通论”课程。如今，法学不仅成为一个流行的概念，而且成为一门重要的社会科学。要进入法学殿堂，首先必须理解法学概念。马克思说过，任何事物都是“一个具有许多规定和关系的丰富的总体”“是许多规定的综合，因而是多样性的统一”。由于法学具有多方面的规定性，因此法学概念可以从多方面进行界定。从研究对象来说，法学是研究法律现象的科学；从品格特征来说，法学是治国之学、人本之学、正义之学的统一；从体系构成来说，法学是由诸多分支学科构成的有机整体。

一、法学的研究对象

任何学科都有自己的研究对象，不同的研究对象是不同学科存在和发展的基础。法学是社会科学中一门特殊的学科，以“法律现象”这一特定社会现象及其规律为研究对象。

所谓法律现象，是指能够通过感性的、直观的、经验的方式了解、认识和把握法律的外部表现形式，具有具体性、多样性、变动性等特征。例如，警察管理公共交通和处理公共场所的纠纷、法官就案件进行审理和裁决、律师为其被代理人进行辩护，这些现象具有不同的形式和内容，因而具有多样性；这些现象也是可以为人们的眼睛所直接观察到的，具有直观性。由于现象是本质的展现，因而法律的本质也是法学研究不可或缺的对象。①

从学理上分析，法律现象涉及法律规范、法律文化、法律行为等各个方面，

①高其才.法学基础[M].北京：清华大学出版社，2021：1-12.

具体包括法的产生和发展、本质和特征、内容和形式、作用和价值、制定和实施以及与其他社会现象的关系，规范性法律文件、人们对法律的认识和观点，社会主体依照法律实施进行活动，法律组织机构和法律活动场所等法律设施，警服、警徽、法袍、法槌和红绿灯等法律标志，依据法律形成的权利义务关系，等等。因此，法学对法律现象的研究是全方位的：既要考察研究法律的产生、发展及其规律，又要比较研究各种不同的法律制度，它们的性质、特点以及它们的相互关系；既要研究法律的内部联系与调整机制等，又要研究法律与其他社会现象的联系、区别及其相互作用；既要研究法律规范、法律体系的内容和结构以及法律关系、法律责任的要素，又要研究法的实际效力、效果、作用和价值。

二、法学的学科属性

恩格斯在《自然辩证法》一文中说过："每一个时代的理论思维，包括我们这个时代的理论思维，都是一种历史的产物，它在不同的时代具有完全不同的形式，同时具有完全不同的内容。"[①]在人类社会的早期，人类的思维具有朴素性、直观性、经验性，事物之间的总的联系没有从细节上加以证明，因而那时候是没有学科分类的。随着人类改造自然和社会的能力以及水平的提高，人类对自然、社会和人自身的认识越来越深刻、越来越宽广，知识累积越来越多，渐渐地有了不同对象、不同领域的认识和研究的分工，学科也分别形成和发展。基于研究对象、研究方法和意识形态等多因素的维度，可以将现代科学分为社会科学和自然科学两大领域。

社会科学是以社会现象为研究对象的科学，其任务是研究与阐述各种社会现象及其发展规律。在我国，社会科学的一级学科主要有马克思主义（科社）、党史党建、哲学、宗教学、语言学、文学、艺术学、历史学、考古学、经济学（理论经济学、应用经济学）、统计学、管理学、政治学、法学、社会学、民族学、新闻与传播学、图书馆学、情报与文献学、教育学、体育学、心理学、国际问题研究等。

所谓自然科学，是指研究自然界各种物质的形态、结构、性质及其运动规律

①马克思，恩格斯;中共中央马克思恩格斯列宁斯大林著作编译局译.马克思恩格斯选集(第3卷)[M].北京：人民出版社，1995：284.

的科学。它有广义和狭义两种划分：广义的划分包括物理学、数学、化学、天文学、气象学、海洋学、地质学、生物学、生理学等基础科学以及材料科学、能源科学、空间科学、农业科学、医学科学等应用技术科学；狭义的划分仅指基础科学，即人们常说的理学部分，其他应用技术科学被分为工学、农学、医学等。

由上面的学科分类可知，法学被分到社会科学的门类之下，也就是说，法学是一门社会科学而不是自然科学。具体而言，不论是研究对象，还是研究方法，抑或精神底蕴，法学与自然科学都是不同的。

（一）法学研究对象相异于自然科学研究对象

法学的研究对象即法律现象，是一种受人的主观意志影响和支配的社会现象。虽然受到社会必然性的支配，但同时受到许多偶然因素的制约，在不同时代、不同国家、不同社会，法律现象有不同的形态和特征。在阶级社会，法律是统治阶级意志的集中反映，担负着为统治阶级利益服务的职能。因此，法学具有阶级性，具有意识形态特征，它不可能像自然科学一样具有超越时空的真理性、精确性。自然科学的研究对象即客观事物，是一种自在的自然现象。客观事物的本质和特征不会因不同社会或不同国家而不同，它可以为任何阶级或社会集团所认识和掌握。因此，自然科学本身不具有意识形态特征，可以为任何国家、任何社会、任何社会集团所利用。当然，不同国家、不同社会集团对自然科学的利用可能产生不同的结果。爱因斯坦曾经告诫我们：“科学是一种强有力的工具。怎样用它，究竟是给人带来幸福还是带来灾难，全取决于人自己，而不取决于工具。刀子在人类生活中是有用的，但它也能用来杀人。”

（二）法学研究方法不同于自然科学研究方法

研究方法是研究者发现问题、分析问题、解决问题的工具和手段。问题不同，则任务相异，进而所运用的研究方法也会存在区别。法学研究多采用社会调查、定性分析、价值分析、历史分析等社会科学方法。自然科学研究多采用科学实验、定量分析、假设与实证、数理逻辑等方法。虽然也有在法学研究中适度地引进某些自然科学方法或某些方法的原则和精神的探讨与尝试，但是法学研究毕竟不同于自然科学研究，如果不顾这种区别而盲目地将自然科学方法生搬硬套到法学研究中，那么除了碰壁外是不会有所收获的。例如，可重复性是实验方法的根本特征，在相同的实验条件下重复某项实验，其结果不会因人、因时、因地而异。社会现象因时间和地点不同有着不尽相同的内容，如果将实验方法用到法学研究中则很难得出正确的结论。又如，由于社会现象及其运动形式较自然界具有更复杂的情形，尽管其有着内在的量化关系，但这种量化关系是极不分明和不确定的，许多观察因素是极不稳定的，因此，在法学研究中，主要采用定性分析方法，而不是采用定量分析方法。

（三）法学精神底蕴有别于自然科学精神底蕴

“精神、思维、观念是本质的东西，而现实世界只是观念的摹写。”一种制度、一种行动、一门科学作为一种现实的存在，都具有一定的精神底蕴。法学以人文精神为底蕴，侧重“求善”，以实现公平正义为最高价值。美国法学家菲尔德指出：“法律科学是防止司法正义被践踏、被滥用的最大的保障，如果司法判决仅仅取决于法官的意志和他对于正义的观念，那么我们的财产和生命就会受到反复无常的、随意性很强的判决的威胁。”自然科学以科学精神为底蕴，侧重“求真”，以发现客观真理为基本目标。爱因斯坦强调：“科学作为一种现存的和完成的东西，是人们所知道的最客观的、同人无关的东西。”科学不是人们在空洞的逻辑推演中的意外发现，也不是人们毫无依据的奇思妙想，它源于自然，以自然的本质和规律为内容。

三、法学的体系

法学是以法律现象为研究对象的社会科学，而法律现象是丰富多彩的，因而法学的研究对象和范围十分广泛。对不同的法律现象及其规律进行研究，形成不同的法学分支学科，由互不相同但又互有联系的法学分支学科所构成的有机体系，就是法学体系。可见，法学是由诸多分支学科所组成的有机联系的统一整体。依据不同的标准，可以对法学的分支学科进行不同的分类。

（一）理论法学和应用法学

这是从认识论角度对法学进行的分类。

理论法学，是以法律现象的共同问题和一般规律为研究对象的法学分支学科，具有三个基本特征。①宏观性。理论法学侧重对法学知识的探讨，侧重对法律产生和发展的普遍规律的研究，它的基本原理对应用法学具有宏观的指导意义。②概括性。理论法学是对应用法学有关知识的概括和总结，它的基本范畴、基本原理来源于应用法学的范畴和原理。③普遍性。理论法学的基本原理、基本理论是应用法学普遍适用的。正因为理论法学具有这些特征，因而在法学体系中居于基础地位，对应用法学具有指导作用。

理论法学有自己的分支系统，主要包括法理学、法史学和比较法学等。法理学研究法的一般理论，研究法学和法律实践中具有根本性、基础性、主导性的问题，它是最典型、最具有代表性的理论法学学科。法史学是研究法律运行总体脉络的学科，它是对整个法律制度的历史研究，分为法律制度史学和法律思想史学，二者相辅相成。通常，法律制度是建立在一定的法律思想基础上的；反过来，法律制度对法律思想和社会意识也有巨大的影响力。比较法学是通过对不同国家或地区的法律现象进行历史和现实的比较而形成的一门理论法学学科。

应用法学是研究法律的内容、结构、制定、实施的法学分支学科，它是法学体系的主要构成部分，具有以下基本特征。①微观性。应用法学侧重对某一领域、某一方面的法律现象的研究，其基本原理仅适用于某一领域、某一方面。②针对性。应用法学是基于法律实践的需要而产生的，是针对具体的法律现象进行研究而形成的。③应用性。应用法学同法律实践有着直接联系，其基本原理可以直接应用于法律实践活动，用来解决实际法律问题。

应用法学也有自己的分支系统，主要包括立法学、法律解释学、司法学等。立法学以国家的立法活动为研究对象，探讨立法原理、立法制度、立法过程和立法技术等问题。法律解释学以法律解释为研究对象，探讨法律解释主体、法律解释体制、法律解释方法等问题。司法学以司法为研究对象，探讨司法原理、司法原则、司法规律、司法体制、司法技能等问题。

（二）国内法学、国际法学与外国法学

这是从法律类别角度对法学进行的分类。

国内法学，是指以一国现行法律为研究对象的法学分支学科。依据现行法律的构成，又可以对国内法学做进一步划分。对现行法律的构成有两种不同的基本分类标准，一是以法律属性为标准，分为公法、私法和社会法；二是以法律部门为标准，分为宪法、民商法、刑法、诉讼法、经济法、军事法等。因此，国内

法学分为以下两种，一是以公法为研究对象的公法学、以私法为研究对象的私法学和以社会法为研究对象的社会法学；二是以宪法为研究对象的宪法学、以民商法为研究对象的民商法学、以刑法为研究对象的刑法学、以诉讼法为研究对象的诉讼法学、以经济法为研究对象的经济法学，以及以军事法为研究对象的军事法学等。

国际法学，是指以国际规则为研究对象的法学分支学科。与国内法学一样，国际法学也可以依据国际法律的分类做进一步划分。国际法律一般分为国际公法、国际私法、国际经济法和国际人权法等。相应地，国际法学分为国际公法学、国际私法学、国际经济法学和国际人权法学等。

外国法学，是指以其他国家法律和法律现象为研究对象的法学分支学科，如美国宪法学、德国民法学等。

（三）法学本门学科与法学边缘学科

这是从法学与其他学科之间关系的角度对法学进行的分类。

上述所有分类均属于法学本门学科，它们虽然包含其他学科的知识和方法，但主要是法学的知识和方法。

除了法学本门学科外，法学中还有一些学科是法学与其他社会科学或自然科学相互交叉而形成的，这些学科称为法学边缘学科，如犯罪心理学、法律社会学、法律伦理学、刑事侦查学、法医学、法律人类学等。

第二节　法学的品格

法学何以立足于社会科学之林？其答案是：法学不仅有自己独特的研究对象，而且有不同于其他学科的独特品格。我国著名法学家李龙将法学的品格归纳为治国之学、强国之学、权利之学、正义之学。笔者借鉴这一观点，认为法学是治国之学、人本之学、正义之学的三位一体，正是这一品格使得法学既具有理论性又具有实践性、既具有知识性又具有价值性、既具有现实性又具有批判性。

一、法学是治国之学

法学是治国之学，首先表现为，法学为国家治理提供基本方略即法治。国家治理中最重要的部分是对国家权力的约束、防止国家权力滥用。考察人类法学史，可以发现，对国家权力的约束始终是法学探讨的主题。如何实现对国家权力的约束？从古至今的法学家们虽然见仁见智，但是他们普遍推崇法治和分权。虽然不同时代的法学思想具有不同的具体内容，但对法治和分权的阐释是每一个时代法学思想的核心内容。[①]

古希腊时期的柏拉图虽然主张人治，但其最终也回到法治的路数上来，将“法律的统治”作为“第二等好的政治”。亚里士多德继承和发展了柏拉图的法治思想，不仅对法治做出了流传千古的界定，“法治应当包含两重意义：已成立的法律获得普遍服从，而大家所服从的法律本身又应该是制定得良好的法律”，而且提出了“法治应当优于一人之治”的著名论断。中世纪的奥古斯丁等神学法学家强调神权的至上性，认为世俗的法律必须服从教会的法律，但也主张法律是治理国家的工具。

从近代开始直到现代，法学家们将国家的概念与法律要素联系起来，探索国家的正当性以及治理国家的方法。例如，洛克把国家及政府视为个人契约的产物，强调法治和分权；孟德斯鸠反对君主专制政体，将法治和分权制衡视作防止国家权力腐败的最有效方法；德沃金在《法律帝国》一书中，就法律的阐释和司法审判的问题提出了较为完整的理论体系；以斯蒂芬·L. 埃尔金为代表的新宪政论者致力于为美好社会设计政治制度，他们不仅强调法治对国家权力的限制，而且重视对国家权力的保障。

法学是治国之学，其次表现为，法学为国家治理培养人才——法律人。法律人是经法律专业科班训练、具有娴熟的法律职业技能与理论知识的专业人才，他们是国家治理的必需人才，也是国家治理的重要人才。法治是治理国家的基本方略，法律人之治是法治的题中之义。法治离不开受过法学培训、具有良好法律素质的法律人。

德国学者韦伯认为，在西方，职业政治家的一个极其重要的来源，就是大学里训练出来的法学家；在欧洲大陆，这些法学家对这个大陆的整个政治结构有着

①陈柏峰. 什么是法学/走进大学[M]. 大连：大连理工大学出版社，2022：5-9.

决定性的意义。

二、法学是人本之学

马克斯·韦伯名作《新教伦理与资本主义精神》“译者絮语”指出：“任何一项事业的背后，必然存在着一种无形的精神力量；尤为重要的是，这种精神力量一定与该项事业的社会文化背景有密切的渊源。”如果对人类法学事业进行考察，不难发现，决定这项事业的最重要的精神力量就是人本理念。人本即以人为本，在哲学意义上，它是指以人为本源，以人为根基，以人为目的，以人为动力；是指一切从人出发，一切为了人。在法学视野中，它具有以下几个方面的内涵：法律是因人而产生的，是为人而产生的，法律是基于人的需要而产生的规则体系；法律是人的工具，人是法律的目的；人是法律活动的出发点和归宿，人权是法律的终极价值。这里的“人”不是抽象的生物学意义上的人，而是生活在一定社会历史条件的、现实的、具体的人。

法学是人本之学，突出表现为对人的关怀。一方面，法学以人性假定为基础，设计合理的制度防止人性之恶、倡扬人性之善。从西方法学史看，学者对法治的理解和认识，是基于一种预设的对双重人性的假定：“对执政者，持性恶的假定，这样才能防止统治者作恶；对民众，则持性善的假定，所以才要去尊重他们作为人所应有的尊严，去保障他们的自由、财产和权利。”其实，不论是防恶还是扬善，都体现了对人的关心和爱护，所不同的是，前者是通过权力制约来实现的，后者是通过权利保障来实现的。另一方面，法学对权利进行阐释，主张权利本位。斯宾诺莎认为：“每个个体应竭力以保存其自身，不顾一切，只有自己，这是最高的律法与权利。所以每个个体都有这样最高的律法与权利，那就是，按照其天然的条件以生存与活动。”法学对权利的阐释是全面的、系统的，不仅包括权利的内容和种类，而且包括行使权利的原则和方式，以及保障权利的制度和措施。从历史上看，法学对权利的阐释大体上可以分为两个部分：“一部分是自然法的阐释，关注权利的起源及其‘形而上’要素，这部分自古希腊的柏拉图、亚里士多德开始，延伸至启蒙主义思想家；另一部分是实证法的阐释，关注法律规定的权利及其‘形而下’的要素，这部分自古罗马法学开始，一直延伸至现代分析实证主义法学家。”

法学是人本之学，因而法学成为良法之治的学科基础。众所周知，良法具有深厚的人文底蕴，它关心人、尊重人、服务人、造福人；恶法丧失人文精神，它漠视人、贬抑人、压迫人、奴役人。要使法律成为良法，就需要法学的论证。法学通过阐释和宣传以公平、正义、自由、权利、人道为核心内容的人文主义精神，为立法提供价值指南和指导思想。法学的这一功能早就为法律思想家们所认识，因而，法律思想家们在研究法律时也研究人。例如，孟德斯鸠在论述法的精神时首先研究了人；卢梭作为杰出的启蒙思想家，他要论述的是人要为人类辩护；康德把“尊重人”，“人是目的”置于其整个法学的核心；黑格尔把“成为一个人，并尊敬他人为人”视为法的命令；马克思反对不自由的“动物法”而崇尚自由的“人类法”。所以，我们再也不能像过去那样简单地把这种人文主义冠之以“资产阶级的”而予以否定了，我们应把这种人文主义看作法的基本精神、法的法以及评判法是否为法的根本标志。

三、法学是正义之学

“正义具有一张普洛透斯似的脸，变幻无常、随时可呈不同形状，并具有极不相同的面貌。”博登海默的这一名言表明，正义不是一个随意就能界定的概念。对于正义的内涵，可以从三个方面进行揭示。首先，正义是平等与自由、公平与效率、个人权利与公共福利等相互均衡所达到的和谐一致的状态。其次，正义将人本作为衡量标准，不论是一种思想，还是一种制度或一种行为，只有有利于人的生存和发展，才是正义的。最后，正义是由多方面构成的，依据不同的标准可以有不同的分类。例如，以正义存在的领域为标准，可以分为政治正义与经济正义、道德正义与法律正义；以正义与利益的关系为标准，可以分为实体正义和程序正义；以正义实现的方式为标准，可以分为分配正义和矫正正义。

尽管有法学家认为，“法律问题，作为一个科学问题，是社会技术问题，并不是一个道德问题”，并由此主张将实在法的科学同正义的哲学明确区分开来，但是，绝大多数法学家赋予法学以正义品格。早在古罗马时期，法学家乌尔比安就将法学界定为“神事与人事的知识，正与不正的学科”；近代法学家格劳秀斯也将法学定义为“从正义而生活之学”。如今，法学是正义之学，已经获得了国际法学界的一致认同。从词源看，表达“法学”一词的用语，无论是“Jurisprudence”“Jurisprudenz”，还是“Droit”“Recht”和“Law”，都具有公平正义、权利平等的内涵。

法学是正义之学，首先在于法学的研究对象即法律，与正义有着密不可分的关系。经过从古至今无数法学思想家的阐释，今天的人们在法律和正义的关系问题上达成以下几个方面的共识。其一，正义是法律的最高价值。“尽管对法律有序化来讲，正义并不是唯一至关重要的价值，但该概念有意义的适用范围仍是极为广泛的。正义要求，除了包括其他东西以外，还包括防止不合理的歧视待遇、禁止侵损他人、承认基本人权、提供在职业上自我实现的机会、设定义务以确保安全和有效履行必要的政府职责、确立一个公正的奖励惩罚制度等。”其二，正义是推动法治文明进步的重要力量。例如，程序法的建立和完善就是在正义的推动下实现的。现代程序法不仅包括刑事诉讼法、民事诉讼法和行政诉讼法等传统的诉讼程序法，而且已经延伸至立法和行政领域，目的在于用严格的程序限制立法与行政行为的主观任意性以实现正义。其三，正义是衡量法律优良的根本标准。罗尔斯指出：“法律和体制如果是不正义的，那么无论它们多么有效率，多么有条不紊，也会为人们所改革或废除。每个人都具有一种建立在正义基础上的不可侵犯性，这种不可侵犯性甚至是整个社会的福利都不能凌驾其上的。”

法学是正义之学，其次在于法学围绕正义问题展开和深入。美国法学家庞德在考察法律史后得出了这样的结论：“在法律史的各个经典时期，无论在古代和近代世界里，对价值准则的论证、批判或合乎逻辑的适用，都曾是法学家们的主要活动。”正义作为法律的最高价值，一开始就为法学家们所关注，甚至可以说，法学是基于对正义的追求而形成和发展起来的。发源于古希腊的自然法学，强调法律应当体现公平和正义，强调法律对当事人的自然权利进行保护。受到古希腊自然法学的影响，罗马法学家将法律与正义联系在一起，在他们看来，正义是一种德，法律的任务是实现这种德。古希腊及古罗马自然正义思想虽然在中世纪为神学所遮蔽，但随着文艺复兴运动的展开而兴起，并随着资产阶级革命的兴起而发展。17世纪开始的资产阶级革命和在革命中普及的建立资产阶级民主和法制的时代要求，既需要法学，也解放了法学。大规模发展起来的商品经济更是需要法学，由此，一种新型的自然法学观应运而生，这种法学观代表了新兴资产阶级的意志和利益，强调人民主权、权力制约以及自然权利保障，强调私有财产权神圣、契约自由以及法律平等，强调法律的公正性、普遍性和权威性。自此，不论法学思想如何发展，对正义的主张和强调始终是它不变的主题。

第三节 法学的历史

任何事物都有一个发生和发展的过程，法学也不例外。法学是人类文明发展到一定阶段的产物，它的形成和发展是一个内容不断丰富、形式日益完善、体系逐步健全的过程。由于各国的文化背景、政治制度、意识形态等存在差异，因而各国法学的产生和发展具有不同的内容和特征。在这里，我们不对各国法学的产生和发展作具体介绍，仅仅就其整体情况进行简要说明。

一、法学的产生

法学是以法律现象为研究对象的科学，理所当然以法律现象的出现为必要前提。但是，作为一种理论化和系统化的社会科学，法学的产生必须具备一定的社会条件。在法学产生的诸多条件中，有三个基本条件。[①]

（一）人类理性的形成

人是一种社会存在物，总是生活在一定的社会关系之中；人也是一种具有思维能力的存在物，思维属性是人之所以为人的必不可少的规定性。有意识、能思维是人与动物相区别的标志之一。正如我们看到的，动物只是按照它所属的那个物种的尺度和需要来建造，而人却懂得按照任何一个物种的尺度来进行生产，并且懂得怎样把内在尺度运用到对象上去。

按照从低级到高级的发展顺序，人的认识可以分为感性认识和理性认识两个方面。感性认识是以感觉、知觉和表象等形式对客观事物的现象和外部联系所进行的反映，具有个别性、形象性、直观性等特征，它是人的认识的低级形式；理性认识是运用概念、判断和推理等形式对客观事物的本质和规律所进行的反映，具有全面性、抽象性、概括性等特征，是人的认识的高级形式。人的认识发展过程是一个从感性认识阶段发展到理性认识阶段的过程。理性认识的形成标志着人类对外部世界的无知转变为对外部世界的思考。理性是人类文明产生的智力基础，也是法学产生的思维条件。

①周祖成．立法学[M]．北京：中国法制出版社，2022：2-8.

（二）较为广泛的立法

立法是法律现象的核心，是其他法律现象产生的前提和基础。没有立法，就不会有执法、司法、守法、法律解释、法律监督等。所以，以法律现象为研究对象的法学，只有在立法达到一定规模、出现了较为完整的法律体系的情况下才会形成。

原始社会没有法律，当然不可能产生法学。原始社会是人通过劳动与猿猴相揖别后形成的第一种社会形态。在这个社会里，法律是不存在的，规范原始人行为、调整原始社会关系的社会规范主要是原始习惯。原始习惯是在氏族成员长期的共同生活中自发形成的、经过世代相袭、被全氏族公认的行为规则，它是一种"惯行"，是一种"规矩"，保证原始社会的稳定有序。恩格斯曾赞叹说："这种十分单纯质朴的氏族制度是一种多么美妙的制度啊！没有大兵、宪兵和警察，没有贵族、国王、总督、地方官和法官，没有监狱，没有诉讼，而一切都是有条有理的。一切争端和纠纷，都由当事人的全体即氏族或部落来解决，或者由各个氏族相互解决……一切问题，都由当事人自己解决，在大多数情况下，历来的习俗就把一切调整好了。"

法律是人类社会发展到一定阶段的产物。对于法律产生的过程，恩格斯作过如下说明，"在社会发展某个很早的阶段，产生了这样一种需要：把每天重复着的产品生产、分配和交换用一个共同规则约束起来，借以使个人服从生产和交换的共同条件。这个规则首先表现为习惯，不久便成了法律……随着社会的进一步的发展，法律进一步发展为或多或少广泛的立法"。从历史上看，虽然古希腊时期，以习惯法为主体的法律已经渗透到社会生活的方方面面，但是这个时期的成文法不多，因而这个时候虽然有法律思想却没有形成具有独立的学科性质的法学。只有到了古罗马时期，随着（简单）商品经济的兴起和发展，立法也迅速发展起来，出现了皇帝的命令、元老院的告示、成文法和习惯法等法律渊源。所有这些，为法学的产生提供了客观条件。

（三）法学家集团的形成

法学家集团的形成，对于法学的产生具有极为重要的意义，它是法学产生的主体条件，即使人类的理性已经形成、立法达到一定的规模且法律现象成为常见的社会现象，如果没有法学家集团，法学也不可能形成。只有在社会发展到有可能使一些人离开物质生产活动，而专门从事精神性的法学研究活动的时候，法学的产生才成为现实。从一定意义上说，法学的产生和法学家集团的形成属于同一历史过程。恩格斯指出，“随着立法进一步发展为复杂和广泛的整体，出现了新的社会分工的必要性：一个职业法学家阶层形成起来了，同时也就产生了法学”。

古希腊是西方文明的发祥地，也是世界文明的摇篮。正如恩格斯所言：“在希腊哲学的多种多样的形式中，几乎可以发现以后所有观点的胚胎、萌芽。”近代以来的西方哲学、美学、数学、伦理学、天文学、医学等，无不发端于古希腊时期。然而，这个时期却没有诞生法学。在人类历史上，法学作为一门独立的学科首次出现于古罗马时期。导致这种情形的原因有很多，其中一个重要的原因是，古罗马为法学的诞生提供了主体条件。

在古希腊，虽然法律已经渗透到社会生活的方方面面，也有一些著名的思想家在关注并研究法律现象，甚至出现了亚里士多德这样杰出的法律思想家，但是由于没有形成职业法学家集团，因而没有形成独立的法学学科，那时候的法学思想大多包含在哲学、政治学、伦理学、修辞学等学科之中。到了古罗马，不仅立法更加发达，而且在人类历史上第一次出现了法学家集团。在这些法学家中最为著名的有五人，即盖尤斯、乌尔比安、伯比尼安、保罗、莫德斯蒂努斯。这些法学家不仅协助皇帝立法、出任执政官、参与诉讼活动、解释法律问题，而且从事法学教育、进行法学研究、编撰法学著作。正是由于法学家们的研究活动，法学理论才变得系统而精深；正是由于法学家们的努力，尤其是他们对法学的解释和著述，法学从其他学科中分离出来，成为一门独立的社会科学。

二、法学的发展

社会存在决定社会意识，社会意识对社会存在具有反作用。法律和法学的产生对社会存在必然产生影响，对社会的政治、经济、文化等产生推动作用。而社会的政治、经济、文化的发展又为法学发展提供新的动力。事实上，法学产生之后不是凝固的，不论是在中国还是在西方，法学都随着历史的发展而发展。

（一）西方法学源远流长

西方法学历史悠久，它萌芽于古希腊，产生于古罗马，经过中世纪基督教文化的洗礼和近代古典自然法思潮的勃兴，到19世纪出现了分析实证法学、历史法学、社会学法学、功利主义法学等。在现代，西方法学在自然法学、社会学法学、分析实证法学三大法学流派鼎立的基础上形成了多元、开放的局面。

古希腊没有出现具有独立学科性质的法学，却有着丰富的法学思想。良法之治、普遍守法、法律平等、法律正义、法律权威、法律公开、法律的目的是使人民生活得更好、法治优于人治等，都是古希腊人留给后世的思想遗产。尤其值得一提的是，以芝诺为奠基者的斯多葛学派提出并阐释了自然法学说，他们认为存在着一种高于人的意志的自然法——这里的"自然"不仅指事物的秩序，也指人的理性。按照理性生活，就是自然地生活。因此，自然法就是理性法，它构成了法律和正义的基础。古希腊人的法学思想不仅反映了人类早期对法律的基本认识，而且为以后罗马法学的诞生，乃至人类数千年法学的发展奠定了理性基础。

古罗马法学大约在公元前3世纪开始形成，到查士丁尼时期通过《学说汇纂》和《法学阶梯》的编纂而集大成。古罗马法学家继承和发展了古希腊法学思想，他们进一步阐释法律与理性、正义的关系，提出了公法与私法、成文法与不成文法的法律分类，形成了法律解释的方法和技巧，完备了法律执行的程序和原则。作为西方历史上最早形成的法学，古罗马法学有其自身的特点。一是以私法学为核心。古罗马法学成果大多涉及私法。例如，在《学说汇纂》50卷中，只有后几卷涉及刑事法和行政法内容，其余全是私法部分。二是对法理的精深研究和对概念的缜密表述。乌尔比安对法律概念的定义、对公法与私法的划分和界定，对后世产生了深远影响。三是强烈的实践性。法学家们不仅解释实务中的法律问题，还充任当事人的法律顾问，协助当事人的诉讼行为。正是法学家活动的特殊性，使得古罗马法学成为"关于法的知识、使用法的技术、发展法的手段的总和"，带有强烈的实践色彩。

进入中世纪，法学与政治学、哲学等学科一起被"合并到神学中""成为神学中的科目"。虽然独立的法学消失了，但古希腊罗马人的自然法思想仍然借助神学的外衣得以流传于世。到中世纪后期，随着资本主义生产方式的兴起，法学研究和法学教育开始复兴。随着职业法学家的又一次出现，一个以研究罗马法为中心的学派，即注释法学派随之产生。该学派把被人们遗忘将近数世纪之久的罗马法复兴起来，并通过进行大量的、系统的注释和评论，为资产阶级和资本主义的兴起提供了合适的法律规则。随着13、14世纪文艺复兴运动的爆发，西方法学开始朝着世俗化方向变革和发展。在文艺复兴运动中，大批卓越的天才人物被推到历史的浪尖，他们“有些人用舌和笔，有些人用剑，有些人则两者并用”，向神学世界观发起猛烈攻击。在人文主义思想影响下，阿尔恰托、居亚斯、霍特曼、迪穆林等人开始用“人的眼光”观察法律，他们反对传统的天主教会和教义，主张从人出发来构建法律，运用哲学的、文学的、历史学的、比较的方法研究法律，使得人文主义法学产生。注释法学和人文主义法学是连接古代法学和近代法学的桥梁，具有承前启后的意义。

17、18世纪是自然法的兴盛时代，格劳秀斯、洛克、孟德斯鸠、卢梭等一大批法学家发展了古代自然法思想，他们从人性论出发，提出了“自然状态”假设，并以此为理论根据，对自然权利、社会契约、人民主权、权力制约、法治等进行了全面而系统的论证，主张私权神圣、契约自由、法律平等、罪刑法定。这些思想对资产阶级革命发挥了理论指导和价值导向的作用。到了19世纪，随着资产阶级政权的巩固，自然法学开始衰落。第二次世界大战以后，自然法学开始复兴，并形成两个分支：一个是以马里旦为代表的神学自然法学，它主张以神学的观点解释自然法，要求兼顾权利和义务、尊重人的尊严和人格，强调法律正义；另一个是以富勒、罗尔斯、德沃金为代表的非神学自然法学，它重视法律和道德的内在联系，强调法律的价值，包括法律的一般性、公开性、明确性、统一性、稳定性、可操作性等形式价值和正义、自由、平等、权利等实质价值。

18世纪以后，西方法学进一步勃兴，法学流派众多、法学观点纷呈，不仅“出现了以抽象的概念、保守的理论形式、费解的哲学语言传播天赋人权、自由主义、宪政、法治等启蒙思想的哲理法学派，以反对古典自然法、强调法律的民族精神或历史传统为特征的历史法学派，以功利主义和实证主义哲学为理论和方法论基础、以对实在法律的逻辑分析为己任的分析法学派”，而且“出现了理论法学和应用法学的分化，即出现了法理学和刑法学、民法学、宪法学等法学部门的分化”。在众多的法学流派中，分析法学派和社会法学派负有盛名。分析法学派产生于19世纪初的英国，创始人是奥斯丁，代表人物有边沁、凯尔森、拉兹等。这些法学家对法哲学的范围、法的概念的看法各有差别，但他们的思想一脉相承，都把道德排除在法学研究范围之外，强调法学的研究对象是实在法，认为法学仅仅研究“法是什么”而无须关注“法应该是什么”，主张通过对法律规则、法律规范或者法律制度的逻辑分析和语言分析形成法律的一般概念、原理和体系。社会法学派产生于19世纪末20世纪初，内部分支较多，最主要的是以法国法学家狄骥为代表的社会连带主义法学和以美国法学家庞德为代表的社会学法学。前者强调社会连带关系（同求的连带关系，即人们基于共同需要，并通过共同生活以满足这种需要而形成的关系；分工的连带关系，即人们基于不同能力和需要，并通过相互交换服务以满足这些需要而形成的关系）是法律规范的基础。后者强调法律是一项社会控制工程。虽然社会法学派的各分支观点存在差异，但它们有一个共同特点，即运用社会分析方法研究法的实际运行、实际效力、实际作用和实际效果，强调法律的"社会利益"和"社会效果"。

（二）马克思主义法学

从19世纪40年代开始，一个与上述法学思想有着本质区别的法学派别开始形成，这就是马克思主义法学。该学派由马克思和恩格斯首创，马克思、恩格斯合著的《德意志意识形态》标志着马克思主义法学理论体系初步形成，《共产党宣言》标志着马克思主义法学理论的诞生。需要指出的是，马克思、恩格斯只是提出了马克思主义法学的基本观点，这些基本观点被后来的马克思主义者继承和发展为一个内容丰富的法学理论体系。马克思主义法学的产生实现了人类法学史的根本变革：它以唯物史观为理论基础，以唯物辩证法为方法论，在人类法学史上第一次科学揭示了法律的奥秘，阐明了法律与人之间的辩证关系，建立了以人为中心的法律思想体系，从而结束了唯心主义在法学领域占统治地位的历史，使法学成为一门真正的学科。

第一，在法律本质问题上，马克思主义法学改变了过去法学将法律界定为"人类理性的产物""神意的体现""民族精神的反映"从而忽视甚至否认法律的阶级性的思想，指出法律是统治阶级意志的集中反映，在法学史上第一次科学揭示了法律的本质。在《共产党宣言》中，马克思和恩格斯对资产阶级谬论进行批驳："你们的观念本身是资产阶级的生产关系和所有制关系的产物，正像你们的法不过是被奉为法律的你们这个阶级的意志一样，而这种意志的内容是由你们这个阶级的物质生活条件来决定的。"

第二，在法律本原问题上，马克思主义法学改变了过去法学认为法律渊源于"天赋人权"和"社会契约"而忽视法律的经济基础的思想，强调人的物质生活条件或者说经济关系对法律的决定意义，指出"法的关系……既不能从它们本身来理解，也不能从所谓人类精神的一般发展来理解，相反，它们根源于物质的生活关系”；“无论是政治的立法或市民的立法，都只是表明和记载经济关系的要求而已”。

第三，在法律历史问题上，马克思主义法学改变了过去法学将法律当作人类永恒存在的现象而忽视法律的历史性的思想，揭示了法律产生、发展和消亡的规律，指出法律是人类社会发展到一定历史阶段的产物，它不是从来就有的，也不会永恒存在。“在生产者自由平等的联合体的基础上按新方式来组织生产的社会”，法律将和其他国家机器一样“放到它应该去的地方，即放到古物陈列馆去，同纺车和青铜斧陈列在一起”。

第四，在法律与人的关系问题上，马克思主义法学改变了过去法学从抽象的人出发从而“未能圆满、透彻、始终如一地肯定人”“无力护卫于世界的独立，无力解救人脱出社会和自然的奴役”的不足，将“处在现实的、可以通过经验观察到的、在一定条件下进行的发展过程中的人”作为法律研究的出发点，将人的解放和人的自由而全面发展作为法律研究的终极目的，强调法律对于人的解放和人的自由而全面发展的重要意义，指出“法典就是人民自由的圣经”。

（三）中国法学的发展

中国法学思想富有民族性。虽然在春秋战国时期已有法学家提出“缘法而治”与“以法治国”的主张，虽然从汉代起已出现根据儒学原则对以律为主的成文法进行注释的“律学”（也称为“刑名律学”“注释律学”），然而，从先秦到清朝，两千多年的中国没有形成现代意义上的法学，中国古代法学思想作为以儒道为核心的传统文化的一部分而存在，从属于哲学、伦理学、政治、价值论等学科。在清朝末期和民国初期，中国法学逐渐吸收、移植西方法学思想而有所创新。1901年，京师大学堂设立法科，1906年成立法律学堂，从此法学在中国成为一门独立的学科，并一度得到较快的发展。在中国法学思想的发展过程中，值得一提的是，孙中山的法学思想。作为资产阶级革命家、中华民国临时大总统，孙中山有着较为丰富的法律思想，他主持制定了中国第一部、也是唯一的一部资产阶级民主主义宪法。他主张实行西方资产阶级的法治，并结合当时的国际形势和中国的实际提出了“五权宪法”的学说。

中华人民共和国的成立结束了资产阶级在中国的统治，也结束了资产阶级法学思想在中国的主导地位。1949年9月，中国人民政治协商会议第一届全体会议通过《中国人民政治协商会议共同纲领》，其中的第17条关于“废除国民党反动政府一切压迫人民的法律、法令和司法制度，制定保护人民的法律、法令，建立人民司法制度”的规定，预示着一种有别于过去法学的新法学将在新中国诞生，这一新法学就是具有中国特色的马克思主义法学。然而，遗憾的是，这一法学思想并没有随着新生政权的建立而体系化。虽然党和国家第一代领导人对马克思主义法学在中国的发展作出过贡献，例如，毛泽东提出并阐释了正确处理两类不同性质矛盾的理论、关于人民民主专政的理论、关于宪法的理论等，董必武提出并阐释了“有法可依、有法必依”的理论、关于法的稳定性理论等，但是这一时期没有形成系统的具有中国特色的马克思主义法学理论。1978年12月，党的十一届三中全会以后，中国法学随着中国法治建设的发展而日益发展，现如今已经形成了有中国特色的社会主义法学体系。

第四节　法学基础理论及其研习意义

一、法学基础理论的基本内容

“在我国法学界，‘法学基础理论学科’这一名称具有两种不同含义。通常的含义是指：在我国以马克思主义为指导的，研究一般法律，特别是研究我国社会主义法律的基本理论。另一种较广的含义是指：除上述通常意义的法学基础理论外，还包括中外历史上的、当代西方国家的、其他社会主义国家或国外马克思主义的各种法学基础理论（其名称不一）。”作为法学专业的基础课程，“法学基础理论”是20世纪80年代的课程名称，进入20世纪90年代后，“法理学”的名称逐渐为法学界普遍接受。也就是说，“法学基础理论”与“法理学”两个概念具有同一性。

当前，中国特色社会主义已经进入新时代，这个时代所具有的新特征、面临的新任务，要求法学基础理论与时俱进，将法治建设的前沿课题和前沿理论纳入其中。基于“法学基础理论应当成为培养大学生守法精神、对社会主义法制合理性认同感及构成其他具体部门法基础的范本，而不是法学基础知识和某些具体部门法律规范的堆积”的学科性质，立足于“法学教学如何面对法治时代并为之服务、如何改革和重构现代法学基础理论课使之成为培育公民法律意识，尤其是培育当代大学生法律意识的精神力量，已越来越成为大学法学基础理论教学的一个重大课题”的客观现实，我们在借鉴和吸纳相关成果的基础上，对法学基础理论进行阐释，本书以专题形式对法学基础理论的基本内容进行介绍。

二、法学基础理论研习的意义

在中国特色社会主义新时代，实施依法治国、建设社会主义法治国家是这个时代的重大课题，大学生研究和学习法学基础理论具有十分重要的意义。高等教育是大学生走向社会生活、参与各种职业生涯前的集中学习阶段，尽管不同行业要求对大学生进行不同的职业素质培养，但法律素质培养是所有行业的共同要求。良好的法律素质不仅可以使学生尽快适应从学校生活到社会生活的转变，还有利于维持社会稳定。特别是随着法治国家建设的推进，法律将逐渐渗透社会生活的各个方面，按照法律生活将成为人们的生活方式。在这种情况下，对法学基础理论进行研习是十分有必要的。

（一）法治国家建设的需要

具有良好的法学素养、自觉地遵守法律和维护法律，是法治国家建设的需要，也是作为现代国家的公民应该具备的基本素质。法学基础理论研习，因具有培育人们的良好法学素养的功能而为法治国家建设所必需。①

其一，法学基础理论研习使人们形成对法律的认知，掌握法律基本知识，包括法律概念、法律价值、法律功能、法律与其他社会现象之间的关系等方面的知识；法律规范、法律渊源、法律规范的结构、法律秩序等法律形式方面的知识；立法、执法、司法、守法、法律监督等法律运行方面的有关知识；国家现行法律的主要内容等。

其二，法学基础理论研习使人们形成正确的法律理念，包括自由平等理念、公平正义理念、权利义务理念、以人为本理念、法律至上理念等。

其三，法学基础理论研习使人们形成美好的法律情感，从而热爱法律、信

①夏锦文，曾宪义．法学概论[M]．5版．北京：中国人民大学出版社，2022：4-12.

任法律、崇尚法律、敬重法律。对于法治国家建设来说，美好的法律情感是事关宏旨的。德国法学家鲁道夫·冯·耶林在《为权利而斗争》中精辟地指出："在对外保有威信，对内坚如磐石的国家，再也没有比国民法感情更宝贵、更需要培育、奖掖的财产了。……只有每个人的健全有力的法感情才是国家力量极为丰富的源泉，得以自立于国内外的确实保证。法感情是整棵大树的根，当这根不发挥任何作用时，它将在岩石和不毛的沙地上枯死，其他一切都将化为泡影。"

其四，法律研习使人们形成法律信仰，保持对法律的忠诚，坚持法律至上，维护法律尊严，自觉将自己的行为纳入法律规定的范围内。

（二）实现人生幸福的需要

幸福自古以来就为人们所追求，在现代社会更为人类所重视。当今时代，"幸福的浪潮"席卷全球，不仅各国学者将公民幸福作为重要的研究课题。在对幸福的追求中，经济学角度的探寻成就显著，不仅形成了幸福经济学，而且推动了众多国家经济的发展，各国政府也将公民幸福作为根本的决策依据。幸福自古以来就为人们所追求，但并不是任何人都能得到幸福。有人说，幸福的人大都相似，不幸的人各有各的不幸。所有人的幸福都有一个特征，即他们的需要和利益得到满足和实现；同样，不幸的人也有一个共同特征，即他们的需要和利益不能得到满足和实现。利益在法学中是以权利概念表示的，因此，一个人的幸与不幸在法学维度上取决于其权利是否得到保障。在应然上，每个人都有追求幸福的权利；在实然上，不是每个人追求幸福的权利都能得到保障。自近代以来，在越来越多的国家，过去处于等级关系中的人转变为平等、自由的公民，在宪法中确认公民追求幸福的基本权利的做法为越来越多的国家所采用，迄今已经成为国际社会的通例。

早在200多年前，英国法学家边沁就将人的幸福与法律联系在一起，在《道德与立法原理导论》一书中，他写道："已经表明，组成共同体的个人的幸福，或曰其快乐和安全，是立法者应当记住的目的，而且是唯一的目的。它是唯一的标准，彼此应当在立法者确定的程度上，使得每个人都将自己的行为规范得符合该标准。"幸福是法律的根本价值，法律是幸福的制度保障。通过法学基础理论研习，可以了解法律知识、形成法律意识、提高法律素质，从而既能够自觉依照法律规定实施自己的行为，也能够在自己的权利受到侵害的时候通过合法途径进行救济，为实现人生幸福创造条件。

（三）成长为创新人才的需要

当前，我国正处在全面建设现代化强国时期，需要大批高素质的创新人才。与传统人才相比，创新人才的知识结构具有其独特特征，如果说“传统的人才知识结构是‘T’型的，一‘横’表示基础知识要宽一些，一‘竖’表示专业技能要尖一些”，那么“现代人才知识结构则是厚基础、宽专业，具有综合素质”。也就是说，现代创新人才的知识结构应该是“博通”与“专精”的结合，因为“特别专精的解决问题的办法往往来自广泛的涉猎和宽阔的知识。因为任何事物都有多方面的关联，有些关联远远超出专业研究的狭隘领域范围。在解决科研难题中，谁能想到这种关联，掌握相关学科解决问题的原理和方法，或能从其他学科的方法中得到启迪，谁就能取得成功”。要想使创新活动卓有成效地进行，就要优化知识结构，通过法学基础理论研习将法学知识纳入知识结构中。

法学知识对于创新活动的意义，突出表现在以下两个方面。一方面，法学知识使人们懂得通过法律实现科技创新与自身利益的结合，并基于利益诉求而积极地进行创造性活动。有学者曾言：人往往有创造性和惰性两种倾向，法律是刺激人们奋发向上的一个有力手段。法律不可能直接下命令使某人成为一个发明家或创造出优秀的音乐作品，但它却可以为人们发挥创造才能提供必要的条件。法律确认、界定、分配科技创新主体的利益，规定对科学创新成果的奖励制度，激发科技创新主体的创新热情；法律将科技创新成果确认为知识产权，赋予它们法律上的财产属性和人身属性，使之成为可以独占、使用、处分、收益的产权，从而使“智慧的火花加上利益的燃料”，推动科技创新主体积极从事创造性活动。另一方面，法学知识有助于形成创新思维，使创新活动更有效地进行。创新的首要环节是发现和提出问题，而发现和提出问题不是轻而易举的，它“需要有全局的眼光，在比较整体和局部的细节中去发现差异；需要有历史的感悟，从时间流前后体察事物的变化；需要逻辑的推理，在事物的联系中判断其因果关系；需要有想象的灵感，能够大胆提出假说，来解释事物发展变化的规律”。所有这一切都与科学的思维方式密不可分。法学思维是价值思维、逻辑思维、开放思维、批判思维的统一，因而在形成创新思维方面有着重要作用。

（四）形成良好人际关系的需要

人是社会的人，生活在各种各样的社会关系中。马克思说："人的本质不是单个人所固有的抽象物，在其现实性上，它是一切社会关系的总和。"良好的人际关系是社会和谐与稳定的要求，也是个人生存和发展的重要保障。然而，正如庞德所指出的，人具有双重本性，一是相互合作的社会本性，二是个人主义的本性。个人主义本性使人具有扩张性的或自我主张的本能，使他只顾自己的欲望与要求、不惜牺牲别人来设法满足这些欲望与要求。要形成良好人际关系，就必须对人的本性进行社会控制，"迫使他尽自己的本分，支持文明社会，并制止他从事违反社会秩序的行为"，从而在合作本性与利己本性之间维持均衡。对人的本性进行社会控制的方法和手段有很多，如道德、宗教、纪律、法律等。在现代社会，法律是社会控制的主要方式。通过法学基础理论研习，既可以知晓法律的内容，也可以知晓守法的必要性，从而提高守法的自觉性，为建立良好人际关系奠定基础。

法律是控制人的本性、形成良好人际关系的主要方式，因为它具有以下特征和功能。第一，法律是一种行为模式，通过明确规定人们在一定的社会关系中的权利和义务，告诉人们可以做什么、应该做什么、禁止做什么，从而实现"定分止争"。第二，法律是一种制裁手段，通过明确规定法律责任，告诉人们"不守法要处以刑罚或惩罚"，通过军队、警察、法庭、监狱等国家暴力机关的强制作用发挥"兴功惧暴"的功能。第三，法律是一种和平解决纠纷的方式。英国法学家彼德·斯坦和约翰·香德写道："法律规则的首要目标，是使社会中各个成员的人身和财产得到保障，使他们不必因操心自我保护而消耗殆尽。为了实现这个目标，法律规则中必须包括和平解决纠纷的手段，不论纠纷是产生于个人与社会之间，还是个人与个人之间。"法律的这些特征和功能表明，它是人类最伟大的发明，别的一切发明使人类学会驾驭自然，而它使人类学会自己驾驭自己：通过一个行之有效的私法制度，它就可以划定私人或私人群体的行为范围，防止或反对相互侵犯、过分妨碍他人的自由或所有权的行使和社会冲突；通过一个行之有效的公法制度，它就可努力限定与约束政府官员的权力，预防对应予保障的私人权益领域的不恰当的侵损、以防止随意的暴政统治。

三、法学基础理论研习的方法

方法是主体在认识世界和改造世界的实践活动中为达到对某一问题的认识和解决所采取的步骤和方式，具有极为重要的意义。不论是认识世界，还是改造世界，不论是科学研究，还是理论运用，都要求遵循一定的科学方法。对法学基础理论的学习和研究，有利于我们掌握科学的研究方法。

（一）唯物辩证法

唯物辩证法是马克思和恩格斯创立的，它是唯物论和辩证法的有机统一，强调世界的物质性、联系性和发展性，并形成了“从实际出发、实事求是”“社会存在决定社会意识”“社会现象普遍联系与变化发展”等观点。唯物辩证法是法学基础理论研习的总方法论，它告诉人们：法律不是人们纯粹主观臆想和逻辑推演的结果，而是社会的物质生活条件尤其是经济条件的产物；立法必须从实际出发，从一个国家的国情出发；法律必须保持稳定，但同时必须随着社会变化而进行立、改、废。

（二）价值分析法

价值分析法是从价值入手对事物进行分析和评价的方法，其追问的基本问题是“该事物应当是怎样的”“该事物具有什么样的意义”。也就是说，价值分析方法以超越现实的姿态，用哲人的眼光和理念，分析事物为何存在以及应当如何存在的问题。价值分析法是法学基础理论研习的基本方法，它告诉人们：法律不是冷冰冰的制度构架，而是具有丰富人文精神的价值表达；法律价值是由人权、正义、自由、秩序、平等、公平和效益等方面构成的有机体系；这些价值是人类立法的基本依据，也是衡量良法的基本标准。

（三）实证分析法

实证分析法包括三个基本含义：第一，对于抽象而言，它是具体实在的；第二，对于绝对客体而言，它是相对主观的；第三，对于保守性而言，它是积极建设性的。实证分析法学所谓的法律“系求之于经验、意志及人为的制定”。作为法学基础理论研习的方法，其特征在于不追究法律规则本身的基础，而径自研究规则与规则之间的关系；把法律视为一个独立的、自洽的系统，致力于维护法律体系内部的逻辑一致性。该方法告诉人们：基于国家权力的、以明文的方式制定的法律，才是正当的法律，具有普遍的约束力。

（四）阶级分析法

阶级分析法是指根据阶级和阶级斗争的理论和观点来分析研究阶级社会历史问题的一种方法，它是马克思主义方法论的重要内容。在马克思主义看来，阶级的存在仅仅同生产发展的一定历史阶段相联系；自从人类划分阶级以来，其历史就在阶级对立中演进，阶级矛盾是社会发展的重要动力；在阶级社会中，人们的经济关系、政治关系、法律关系大多反映一定的阶级利益关系，因而研究这些历史现象就必须揭示它们的阶级内容和阶级实质。阶级分析法是学习和掌握法学的基本方法，它告诉人们：法律不是从来就有的，而是阶级矛盾和阶级斗争的产物；在阶级社会中，法律是统治阶级意志的集中体现，是统治阶级维护其阶级统治的工具。

（五）社会分析法

有学者言：一个社会的全部合法性最终必须而且只能基于这个社会的认可。而社会的认可与否以及认可的程度则有赖于社会调查与分析。社会分析法是法学基础理论研习的基本方法，根据社会法学派代表人物庞德等人的观点，它包括以下六个方面的内容：①研究法律制度和法律学说的实际社会效果；②结合社会学研究和法学研究，为立法做准备；③研究法律规则生效的手段；④对法律史进行社会学研究；⑤研究如何使个案得到合理和公正的解决；⑥研究如何使法律的目的更有效地实现。法学基础理论告诉我们：法律是一种社会现象，法律受到各种社会因素的制约和影响，同时对社会产生作用；法律既是一种社会制度，也是一项社会控制工程。

第二章

法律的内在质素

第一节 法律的词源词义

在现代，法律是一个使用频率极高的词汇。考察法律的词源与词义，有助于我们更好地理解法律的概念，更好地把握法律的内涵。在中国历史上，“法律”一词并不是以今天的面貌出现的，而是经历了一系列的变迁。在古代，法和律是分开使用的；直到清朝末期民国初期，“法律”一词才被广泛使用。

一、法的词源

“法”字的古写体是“灋”。《说文解字》解释说：“灋，刑也。平之如水，从水；廌所以触不直者去之，从去。”也就是说，“灋”由三部分构成。

首先，法从“水”旁，意指法应该像“水”那样“平”，强调法的公平和公正。法应该具有公平、公正之价值意蕴，在这一点上，和古代西方的看法大致相同。例如，“在拉丁语中，‘Jus’的基本含义有法、权利、公平、正义等。如古罗马法学家塞尔苏斯说‘法乃善与正义之科学’，拉丁语的法谚‘错误不能产生权利’等，都是采用‘Jus’指称法”。

其次，法与“廌”相连，意指法应该有权威力量，对是非曲直进行裁判。廌，象形字为“豸”，是古代的一种神兽，有判别有罪与无罪的本能，有罪则触，无罪则不触；见人争斗时，用它的一只角向无理的一方触去，是非曲直，立见分晓。“触不直者”“咋不正者”是獬豸在神判中最核心的行为特征。古代典籍记载：“东北荒中有兽，名獬豸，一角，性忠，见人斗则触不直者，闻人论则咋不正者”；“獬豸者，一角之羊也，性知有罪，皋陶治狱，其罪疑者，令羊触之，有罪则触，无罪则不触”。以廌审案是一种神明裁判，即借助于神的力量和方式来考验或考察当事人，以确定是非曲直，判定有罪无罪。在这里，廌成为一种权威力量，它作出的判断被认为是真实可信的。[①]

①宋述贤，巩绪福，严苗．高校法学教育与德育管理[M]．长春：吉林人民出版社，2021：19–21.

神明裁判是古代人常用的裁判方式，甚至在一些法律中有明文规定。例如，《汉谟拉比法典》中规定，遇到两种案件适用神明裁判：一是经告发妻与人通奸；二是经告某人是妖魔。如果被告为妖魔而未能证明时，此嫌疑犯就自行跳入河里。嫌疑犯如果被淹死，则说明他是妖魔，他的房产归告发人所有；如果嫌疑犯没有被淹死，则说明嫌疑犯不是妖魔，河水还了嫌疑犯清白，则告发人被处死，其房屋归被告人所有。水被认为是清白的东西，它能暴露妖魔以及女子与人通奸的秘密。公元6—9世纪的法兰克福王国的神明裁判是用铁和水来考验被告的。有一种用开水作为考验的方法，称作沸水法。受考验者把自己的手放到一个沸水锅中，煮到规定的时间，然后把烫伤的手包扎起来。过一段时间后，再到法庭上来，如果手上的伤痊愈了，那么受考验者就被认为无罪；如果还没有痊愈，就被认为有罪。神明裁判与古代科学技术不发达和迷信宗教思想相关，随着社会文明的进步，这种裁判方式逐渐被摒弃，神灵在司法裁判的权威力量由国家权力所取代。

最后，法与“去”相连，意指将“不直者”去掉，给予处理，引申为追究法律责任、给予法律制裁。

二、律的词源

何谓“律”？《说文解字》说：“律，均布也。”清代文字训诂学家、经学家段玉裁解释说：“律者，所以范天下之不一而归于一，故曰均布也。”“律”的原意是音乐之音律，音乐只有遵守音律，才能和谐，否则杂乱无章。均布是古代调整音律的工具，木制，长七尺，可以使音律悦耳动听。将“律”比作均布，说明“律”是一种行为准则，对人的行为进行规范和约束，将规范天下所有人的千差万别的行为而使其整齐划一、协调统一。我国东汉刘熙所著的《释名》解释说：“律，累也。累人心，使不得放肆也。”我国“律”字的使用始于秦汉时期。秦朝时商鞅改李悝的六法为六律，汉朝时萧何制定九章律。秦汉以后，封建社会各朝代的成文法典均称律，如秦律、汉律、魏律、晋律、隋律、唐律、明律、清律等。

三、中国古代法律的其他称谓

中国历史上最早的法律被称作“刑”。《竹书纪年》记载：“帝舜三年，命咎陶作刑。”夏朝的法律称“禹刑”，商朝的法律称“汤刑”，周朝的法律称“九刑”，春秋战国时期，各国的法律也多数称为刑，如《吕刑》《刑书》等。战国末期，法的称呼开始通行。我国历史上第一部比较系统的封建成文法典称作《法经》。自秦汉时期开始，作为成文法的称谓，“律”取代“法”而为各朝代所通用。

中国古代社会的成文法和不成文法名目繁多，除了作为成文法的法或律外，还有令、典、敕、格、式、科、比、例等。“令”是关于尊卑贵贱之等级、国家组织制度之安排等方面的法律规定；“典”是关于祭祀、礼乐制度及服饰等方面的法律规定；“敕”是君主对臣下发出的告诫，使臣下自觉警醒，在政事上不敢怠惰；“格”是政府各机关官吏应遵守的法律规定；“式”是关于国家机关公文程式的规定；“科”是刑律的附属法；“比”是关于律令无正条文规定，而援引类似法律条文及过去的判例以定罪刑的制度；“例”是作为判案依据的判例、事例和成案。

四、法律的词义

从法律词源的上述考察中，可以归纳出法律的以下含义。

（一）法律是一种以公平为价值追求的社会规范

“法”是是非曲直的标准，它强调公平，“律”是人人必须遵守的规则，强调对行为的约束；法和律连用，表明法律是一种国家确认的判断是非曲直、惩治邪恶的依据，它是正义的、公平的。

（二）法律是一种以权威力量为后盾的社会规范

当人们相互间发生争执无法解决时，由权威力量审理后作出公平裁判。这种权威力量一开始由廌来代表和体现，后来由国家暴力机关来代表和体现。没有社会强制力作为保障机制，法律没有神圣性，无法发挥出它的威力。

（三）法律是一种具有约束力的强制性规则，要求社会成员必须遵从

当人们违反法律规定导致行为不端、行为不公正时，将受到强有力的制裁和惩罚。

五、法律的定义

综合国内外法学研究学者的理论，将法律定义为：由国家制定或认可的、由国家强制力保障实施的、反映和维护掌握国家政权的社会集团的意志和利益的、以权利和义务为核心内容的行为规范的总和。

在我国，法律有广义和狭义之分。从广义上说，它是指国家机关制定或认可，并由国家强制力保障实施的行为规范的总和；从狭义上说，它是指全国人民代表大会制定或认可，并由国家强制力保障实施的行为规范的总和。有学者将前者称为“法”，将后者称为“法律”，以示两者之间的区别。

第二节 法律的基本特征

法律的基本特征是法律基本属性的集中反映，根植于法律与其他社会现象的关系中，由于法律与其他社会现象的关系纷繁复杂，因而法律的基本特征具有多样性。“从准确把握法这一学科范畴，加深对法的本质的理解，正确认识法的价值，充分发挥法的作用等需要出发”，可以将法律的基本特征归纳为以下四个方面。

一、法律是调整人的行为的社会规范

规范一般分为技术规范和社会规范两大类型。技术规范即技术标准、技术操作规程，它调整人与自然之间的关系，规范人们使用自然力、劳动工具以及劳动对象的行为。社会规范的作用是调整人与人之间的关系，规范人们的社会行为。法律与道德、纪律、政策一样，属于社会规范的范畴，通过告诉人们可以做什么、必须做什么以及禁止做什么，对人们的行为作出明确的指示。

作为一种社会规范，法律有其自身的特征。首先，法律以人的行为为调整对象。法律是针对人的行为而设定的，除了人的行为，法律不调整思想等其他东西。罗马法法谚说：“任何人不因思想受处罚。”马克思则明确指出：“对于法律来说，除了我的行为以外，我是根本不存在的，我根本不是法律的对象。”其次，法律是肯定的、明确的、普遍的规范，具有规范性特征。

法律的规范性特征具体表现为明确性、一般性、概括性、反复适用性。法律

的明确性是指法律使用明确的语言对人们的权利和义务作出明确的规定，避免用语含糊、模棱两可而导致的混乱，依据法律，人们就可以知道哪些行为可以为、哪些行为必须为、哪些行为禁止为；法律的一般性是指法律不是针对某个人、某件事而创立的，而是针对一类人、一类事而创立的；法律的概括性是指法律对人的行为的指引不是个别性的指引，而是普遍性的指引；法律的反复适用性是指法律的适用不是一次性的，在其生效期间可以对其指向的对象反复适用。

二、法律是国家机关制定或认可的社会规范

制定和认可是国家机关创立法律的两种方式。法律的制定是指拥有立法权的国家机关根据法定权限，依照法定程序制定法律规范的活动和结果。在一个成文法国家中，法律的制定主要是通过立法实现的，法律的表现形态是制定法、成文法或法典。法律的认可，是指拥有立法权的国家机关或拥有司法权的国家机关，承认和赋予社会上已有的某种风俗、习惯、判例、法理、政策等法律效力，借以弥补法律规范的漏洞、空白，弥补、克服法律规范的局限性，使法律规范适应不断变化的社会现实。国家认可而形成的法，是不成文法，其中最为主要的是习惯法。

法律由国家机关制定或认可，因而具有国家意志性、统一性和普遍适用性等特征。首先，法律是国家机关经过特定职权和特定程序制定的，它是以国家意志的形式表现出来的国家政权掌握者的意志。国家意志是法律的外部表征，国家政权掌握者的意志是法律的内在实质。法律只有以国家意志的形式出现，才能在国家范围内具有普遍约束力，才能获得国家强制力的保障。其次，法律具有普遍的约束力，它在国家主权范围内是普遍适用的，所有国家机关、社会组织和个人都必须在法律规定的范围内活动，任何社会主体的合法行为都受到法律的肯定和保护，任何社会主体的违法行为都受到法律的否定和制裁。最后，法律具有统一性，这种统一性一方面是指各个法律之间在根本原则上的一致，另一方面是指除极特殊的情况外，一个国家只能有一个总的法律体系，且该法律体系内部各规范之间不能相互矛盾。

三、法律是规定人们权利和义务的社会规范

法律与权利、义务是不可分离的，任何法律都是直接或间接地规定社会成员

的权利和义务的规范。所谓权利，是指社会主体为了实现自己的利益可以实施或不实施，以及要求其他社会主体实施或不实施某一行为；所谓义务，是指社会主体为了他人利益而必须实施或不得实施某一行为。法律是以规定社会主体的权利和义务的方式来运作的社会规范。法律所规定的社会主体的权利和义务，包括个人、组织及国家的权利和义务，还包括国家机关及公职人员在依法执行公务时的职权和职责。通过对权利和义务的规定，法律明确地告诉社会主体应该怎样做、必须怎样做、禁止怎样做；如果必须做的未做、禁止做的做了，就要被追究法律责任。

权利和义务与社会主体的利益密切联系在一起，它是社会主体利益关系的表现形式。一般来说，权利是对社会主体的利益的肯定；义务是对社会主体的负担的确认。法律通过权利和义务的配置和运作，影响人们的行为动机，指导人们的行为，实现社会关系的调整。所以，法律具有利导性。由于权利和义务之间存在着对立统一关系，因而法律对权利与义务的规定应该坚持一致性原则，即“没有无义务的权利，也没有无权利的义务”，任何社会主体既是权利主体，同时也是义务主体。

四、法律是由国家强制力保障实施的社会规范

法律制定出来是要在全社会实施的，但是法律不会自行发挥规范人的行为、调控社会关系的功能。“徒善不足以为政，徒法不足以自行。”任何社会规范都需要有一定的强制力量保证其施行，都具有强制性特征。然而，法律的强制性与其他社会规范的强制性不同，它是一种国家强制性。这种国家强制性“既表现为国家对违法行为的否定和制裁，也表现为国家对合法行为的肯定和保护；既表现为国家机关依法行使权力，也表现为公民可以依法请求国家保护其合法权利”。国家强制性是法律之所以成为法律的重要特征。

法律的国家强制性，源于法律的施行以国家强制力为后盾。法律的实施和实现是借助国家强制力进行的，法律权威的获得、法律功能的发挥是以国家强制力为保障的。国家强制力是指国家的军队、警察、法院、监狱等有组织的暴力机关。当社会主体违反法律规定、实施违法行为时，当社会主体的合法权利受到侵害请求救济时，这些暴力机关就会发挥强制作用：对违法行为的主体，或者剥夺其自由，或者剥夺其财产，或者剥夺其存在的资格；对被侵害的权利，强制侵害

者进行补救或补偿，从而使被侵害的权利恢复到被侵害前的水平。

第三节　法律的本质属性

法律的本质属性是法理学的一个核心问题，日本法学家美浓部达吉曾言：“法是什么？法的本质如何？这是法律学的最初问题，又是它的最后问题——是有志于研究法律学的人们所不可不经过的难关。”对于这个问题，法学史上存在讨论和争议，不同的法学家站在不同的阶级立场提出了各种观点。自然法学派将法律的本质归结为体现“永恒正义”的“健全理性”；历史法学派将法律的本质理解为民族精神的体现；分析法学派将法律的本质界定为主权者的命令；社会法学派则强调法律的本质是社会利益的体现和表达。马克思主义法学则将法律的本质理解为统治阶级意志的反映，根源于统治阶级的物质生活条件。对于法律本质属性，可以沿着经济和政治两条路径进行分析。依据这两条分析路径，我们可以获得法律的政治本质和经济本质两方面的认识。

一、法律的政治本质

从政治的角度来说，法律是统治阶级的共同意志的反映，具有阶级性。①

第一，法律是一种意志。马克思主义法学认为，法律不是自然形成的，更不是形而上的东西，法律不过是人的意志的体现而已。

第二，法律是统治阶级的意志。社会中的人分属于不同的社会集团，法律作为“人”的意志的反映，不是对所有人的意志的反映，而仅仅是对统治阶级的意志的反映。统治阶级运用所掌握的国家权力，将其意志变成具有普遍约束力的行为规则，以此来统治社会。

第三，法律是统治阶级的共同意志。统治阶级作为一种利益集团，其内部也存在各种各样的利益矛盾。因此，统治阶级不可能将所有的意志上升为法律，只能将其根本的、一致的意志上升为法律。值得一提的是，统治阶级在将本利益集团的共同意志上升为法律时，也对其同盟阶级的某些意志给予照顾、对被统治阶

① 谷春德，杨晓青，等. 法学概论 [M]. 6 版. 北京：中国人民大学出版社，2021：6–13.

级的某些意志予以敷衍。

二、法律的经济本质

法律是由物质生活条件决定的，具有客观性。这里的物质生活条件，主要是指经济条件。

第一，法律根源于经济。法律是由经济决定的上层建筑现象，以经济为存在和发展的基础。

第二，法律决定于经济。法律的内容、性质和变化发展都是由经济决定的。有什么样的经济条件，就会有什么样的法律；经济条件的发展变化必然导致法律的发展变化。当然，法律的发展变化与经济条件的发展变化不是亦步亦趋的，而是或早或迟的。

第三，法律服务于经济。这是法律对经济反作用的表现，这种反作用主要有两个方面：一是促进有利于自己的经济基础的形成、巩固和发展；二是排除有害于自己的旧经济基础的残余，抑制威胁自己的新经济基础的萌芽和生长。需要指出的是，经济以外的其他因素，如伦理道德、人口因素、科学技术等对法律有一定的影响和制约。

第四节　法律的构成要素

所谓法律要素，是指构成法律的相互联系、相互作用的元素。目前学界有两种观点：一种观点认为法律有三个要素，即法律概念、法律规则、法律原则；另一种观点认为法律有四个要素，即法律概念、法律规则、法律原则和技术性事项。笔者赞成四要素观点。

一、法律概念

法律是一套规则体系，也是一套概念体系。适用范围、构成要件和法律效果，都是通过法律概念来表述的，因此，要正确掌握法律规范，必须先正确掌握这些法律概念。

（一）法律概念的含义

法律概念属于概念中的一种，概念是一个逻辑学、哲学上的范畴，它是指通过反映事物的特有属性，并用语词或词组来指称事物的思维形式。大千世界，纷繁复杂，事物的多样性使得概念具有多样性。当人们对法律现象加以反映并用语词来指称这些现象时，法律概念就应运而生。法律概念是概念的组成部分，它是法律上规定的或在法律推理中通用的、用以指称属于法律规范调整的事件或行为的概念，亦称法律术语，例如，公民、法人、财产权、犯罪、合同，等等。法律概念的形成离不开人们的思维加工，但这种思维加工不是毫无根据的主观臆想，而是从无数法律实践中提炼出来的。概言之，法律概念是对各种法律现象进行概括并抽象出它们的共同特征而形成的权威性范畴。①

（二）法律概念的特征

与非法律概念相比，法律概念具有以下几个特征。

首先，法律概念具有法律性。法律概念不是对人的行为或事实的简单反映，而是立法者根据立法意旨，对那些认为需要通过规范形式予以保护或禁止的行为或事实的反映，并将其纳入法律规范之中。因此，法律概念具有规定性，并由此具有法律性。例如，“物”这个概念在法律之外和法律之中具有不同的含义，法律之中的“物”具有这样的含义：对人类有用、能够被人类控制、已经具有或者可能具有所有权权属意义等。

需要指出的是，同一法律概念在不同法律规定中所指称的对象存在区别。例如，“船舶”这一概念，在《中华人民共和国海上交通安全法》中，“船舶”是指“各类排水或非排水船、筏、水上飞行器、潜水器和移动式平台”；而在《中华人民共和国海商法》中，则是指“海船和其他海上移动式装置，但是用于军事的、政府公务船舶和20总吨以下的小型船艇除外”。因此，在理解和运用法律概念时，应该注意区分不同的法律事实以及不同的法律规定。

其次，法律概念具有明确性。也就是说，法律概念的内涵和外延是特定的。从逻辑学上看，表达概念的语词存在着一词多义、多词同义的现象，在日常生活中如何对待这些语词没有定规，但在法律文件中不宜使用这样的语词。在法律文

①陆宇峰．系统论法学新思维[M]．北京：商务印书馆，2022：9-15.

件中，不宜使用模糊概念，不宜使用歧义概念，更不能随意杜撰概念。

当然，由于法律概念是对各种法律行为和法律事实进行概括、抽象出它们的共同特征而形成的，不可避免地具有抽象性。因此，法律解释具有存在的必要性。对此，梁慧星写道："概念性是文义解释的根据，解释法律，必须先从文义解释入手。概念有其内涵、外延，概念有其模糊边界，即概念具有模糊性，这就决定了文义解释可能得出多个解释结果。当采用文义解释，得出两种或两种以上的解释结果时，就需要进一步采用其他解释方法。"即便存在法律解释，在法律规范中还是尽量少用模糊概念。

最后，法律概念具有多样性。法律事实的复杂和法律规范的丰富使得法律概念多种多样，对此，可依据不同的标准进行划分。例如，依据法律概念所涉及的内容，可以分为涉人概念、涉事概念、涉物概念；依据法律概念反映的对象，可以分为主体概念、关系概念、客体概念、事实概念、诉讼概念、其他概念；依据法律概念涵盖面的大小，可以分为一般法律概念和部门法律概念；依据法律概念存在的法律的性质，可以分为公法概念、私法概念、社会法概念；依据法律概念的功能，可以分为描述性概念和规范性概念。

（三）法律概念的功能

正确理解和运用法律概念具有重要意义。这不仅是因为法律概念是构成法律的最基本元素，是法律之网的"网上纽结"，更是因为法律概念是法律思维的重要工具，是法律适用不可或缺的因素。正确理解和使用法律概念，是制定良好的法律、正确适用法律的必要条件。经验表明，如果法律法规中出现模糊概念或者歧义概念，往往会造成适用法律的困难，导致疑难案件；如果执法者在裁判中不能正确理解或使用法律概念，往往会导致裁判失误，甚至导致冤假错案。因此，不论是立法者还是执法者，不仅要有良好的法学素质、法律素质，而且要有良好的文化素质、语言素质。

二、法律规则

什么是法律规则呢？要回答这个问题，就要理解和把握法律规则的逻辑结构、法律规则的基本特征、法律规则的分类以及法律规则的作用等方面的内容。

（一）法律规则的逻辑结构

法律规则是规定权利和义务及法律后果的法律构成要素，法律规则具有较为复杂的逻辑结构。有学者认为，法律规则的逻辑结构分为行为模式和法律后果两个部分（两要素说）；也有学者认为，法律规则由法定主体、适用条件、行为模式、行为后果四个要素构成。归纳学者们的观点，我们认为法律规则的逻辑结构由适用条件、行为模式和法律后果三个方面构成。

1.适用条件

关于适用该规则的条件和情况的规定。一定条件和情况的存在是法律规则适用的必要前提；如果没有出现法律规则中规定的情况，该规则就不能发挥作用。例如，宪法第34条规定："中华人民共和国年满十八周岁的公民，不分民族、种族、性别、职业、家庭出身、宗教信仰、教育程度、财产状况、居住期限，都有选举权和被选举权；但是依照法律被剥夺政治权利的人除外。"在这一宪法规则中，中国公民、年满十八周岁、没有被剥夺政治权利就是适用条件。

2.行为模式

关于行为主体可以做什么、应当（必须）做什么、禁止做什么的规定，有可为模式、应为模式和禁为模式之分。例如，我国民法典第135条规定："民事法律行为可以采用书面形式、口头形式或者其他形式；法律、行政法规规定或者当事人约定采用特定形式的，应当采用特定形式。"在这一民法规则中，民事行为可以采用书面形式、口头形式或者其他形式，这是可为模式；当法律规定用特定形式时，民事行为应当采用特定形式，这是应为模式。我国食品安全法第38条规定："生产经营的食品中不得添加药品，但是可以添加按照传统既是食品又是中药材的物质。按照传统既是食品又是中药材的物质目录由国务院卫生行政部门会同国务院食品安全监督管理部门制定、公布。"在这一食品法规则中，"生产经营的食品中不得添加药品"，这是禁为模式。

3.法律后果

对遵守规则或违反规则的行为予以肯定或否定评价的规定，有肯定性法律后果和否定性法律后果之分。例如，我国科技进步法第18条规定："……国家建

立和完善科学技术奖励制度，设立国家最高科学技术奖等奖项，对在科学技术进步活动中作出重要贡献的组织和个人给予奖励。具体办法由国务院规定。国家鼓励国内外的组织或者个人设立科学技术奖项，对科学技术进步活动中作出贡献的组织和个人给予奖励。”在这一科技法规则中，国家对在科学技术进步活动中作出重要贡献的组织和个人给予奖励，这是肯定性法律后果。我国监察法第66条规定：“违反本法规定，构成犯罪的，依法追究刑事责任”；第67条规定“监察机关及其工作人员行使职权，侵犯公民、法人和其他组织的合法权益造成损害的，依法给予国家赔偿”。在这一规则中，追究刑事责任、给予国家赔偿都属于否定性法律后果。

（二）法律规则的基本特征

法律规则具有如下基本特征：一是微观指导性，即法律规则在相对有限的范围内实施，可以指导人们的行为；二是可操作性较强，只要一个具体案件符合法律规则设定的事实状态，执法人员可直接适用，一般公民也能较容易地依据法律规则选择自己的行为方式；三是确定性程度较高，法律规则不仅内容相对明确与恒定，而且效力也较为清楚明确。

（三）法律规则的分类

法律规则不仅具有较为复杂的逻辑结构，而且内容丰富，数量庞大。依据不同的标准可以对法律规则进行不同的划分，最常见的划分有以下几种。

第一，依据法律规则所要求的主体行为方式，分为权利性规则、义务性规则和权义复合型规则。权利性规则是规定主体有权作出一定行为或不为一定行为，以及要求他人为一定行为或不为一定行为的规则，具有任意性、选择性等基本特征。义务性规则是直接规定人们从事或不从事一定行为的规则，分为命令性规则、禁止性规则两种，具有强行性、负担性等基本特征。

第二，根据法律规则赋予法律关系参加者意志自由的强弱程度，可分为强行性规则和任意性规则。强行性规则是规定人们必须为一定行为或不为一定行为的法律规则，它所规定的义务界限明确，并且必须履行，不得违反。任意性规则规定人们的权利义务的内容，允许人们在法律范围内从事自己应该从事的合法的所有事务，允许人们在法律范围内自行决定或双方协商解决。

第三，按照法律规则内容的确定性程度，分为确定性规则和非确定性规则。确定性规则是内容明确、结构完整、可以直接使用的规则。大多数法律规则是确定性规则。非确定性规则是内容不明确、需要其他规则加以说明或补充的规则。它又分为委任性规则和准用性规则。委任性规则是本身并未规定具体行为规则而委托或授权其他机关加以具体规定的规则。准用性规则即没有规定具体行为规则，而要参照其他法律条文或法规的规则。

此外，还可以依据法律规则的功能将其分为调整性规则和构成性规则：调整性规则的功能在于控制人们的行为，使之符合规则概括出来（确定）的行为模式，其基本特征是先有行为，后有规则；构成性规则的功能是组织、允许人们按照规则所授予的权利（权力）去活动，其基本特征是先有规则，后有行为，规则在先，行为在后。依据法律规则的后果将其分为制裁性规则和奖励性规则：制裁性规则是规定对危害社会的有过错行为进行惩罚的规则；奖励性规则是规定对于特别有益于社会的行为给予奖励的规则。总而言之，法律规则具有多样性，可以进行不同角度的划分。但要注意，就某个具体法律规则而言，它可以既是义务性的，又是强行性的、确定性的，或者是调整性的、制裁性的。

（四）法律规则的作用

法律规则的作用，集中体现在两个方面。

1.法律规则是法律的主干部分

在所有的法律要素中，法律规则是最重要的一类，它是明确的关于权利、义务、责任的表述，是立法者意图的集中体现。法律规则数量庞大、内容繁杂，涉及范围广泛，构成法律的主体部分。

2.法律功能的实现主要依靠法律规则发挥作用

不论公民是行使权利还是履行义务，不论国家机关及其工作人员是行使职权还是履行职责，主要依据的都是法律规则。在司法审判中，除了疑难案件，几乎所有普通案件的审判都是以法律规则为依据的。在审判的过程中，如果所引用的规则是绝对确定的，则法官就可以直接适用并作出裁决；如果所引用的规则是相对确定的，那么法官就要结合具体案情详加考虑，最终运用司法自由裁量权，在规则许可的范围之内作出裁判。

正确理解法律规则，还必须厘清法律规则与法律条文之间的关系。事实上，两者既存在联系，也存在区别。

一方面，法律规则需要用法律条文来表达，但法律条文不一定就是法律规则。有的法律条文规定的是法律原则或法律概念。例如，民法典第1条“为了保护民事主体的合法权益，调整民事关系，维护社会和经济秩序，适应中国特色社会主义发展要求，弘扬社会主义核心价值观，根据宪法，制定本法”是对立法宗旨的规定；第4条“民事主体在民事活动中的法律地位一律平等”和第5条“民事主体从事民事活动，应当遵循自愿原则，按照自己的意思设立、变更、终止民事法律关系”是对法律原则的规定；第57条“法人是具有民事权利能力和民事行为能力，依法独立享有民事权利和承担民事义务的组织”以及第76条“以取得利润并分配给股东等出资人为目的成立的法人，为营利法人”是对法律概念的规定。

另一方面，法律规则的三个逻辑构成部分不一定在同一法律条文中表现出来，甚至不在同一法律文件中表现出来，它们可能出现在不同的法律条文甚至不同的法律文件中。例如，我国民法典第 1047 条规定：“结婚年龄，男不得早于二十二周岁，女不得早于二十周岁。”这一法律条文是对不符合法定婚龄的禁止性规定，从法律规则的逻辑结构看，它包含了适用条件（不满 22 周岁的男子和不满 20 周岁的女子）和行为模式（不得结婚）。那么，不满 22 周岁的男子或者不满 20 周岁的女子如果结婚的话，会有什么样的法律后果？该法律条文没有作出规定。对这一法律后果作出规定的是第 1051 条：“有下列情形之一的，婚姻无效：……（三）未到法定婚龄。”

三、法律原则

里格斯诉帕尔玛（Riggs v. Palmer）是众多学者在分析法律原则时引用的案例。帕尔玛是100多年前纽约州的一个人物，祖母已经过世，祖父立下遗嘱：死后财产归帕尔玛。可时隔不久，祖父喜欢上一个女子，让帕尔玛揪心的是，祖父大有娶她的势头。帕尔玛暗下思量，娶后岂不会改遗嘱？情急之下，他便将祖父毒死了。案子简单明确，帕尔玛亦供认不讳，刑事官司吃定了。但是遗嘱怎么办，帕尔玛能否继承遗产？他的姑姑里格斯告到法院，要求法院宣布帕尔玛丧失继承权。当时纽约州的遗嘱法没有对继承人为了继承遗产而谋害被继承人如何处置做出规定，那么帕尔玛是否还有继承权？法院觉得很棘手。按理说，遗嘱的形式要件和实质要件都符合遗嘱法的规定，遗嘱是有效的遗嘱。既然有效，就得执行。为此，法官格雷和法官厄尔争论起来。格雷说，刑事官司对帕尔玛已是惩罚了，那有法律的明确规定，但遗嘱法没讲要剥夺他的民事权利，判他丧失继承权于法无据。厄尔则持相反意见，在他看来，杀人还能得到遗产，简直是天大的荒唐，根据此遗嘱赋予杀人犯以继承权将违背正义和常识，即令法律没有明文规定，也必能找到法律的"根据"判他不得分文。最后，纽约州法院在以往的许多法院的判例和许多制定法里找到一个法律原则：任何人不能因其过错而获得利益。依据这个原则，纽约州法院做出了剥夺帕尔玛继承权的判决。

上述案例彰显了法律原则在法律适用的地位和意义。那么，什么是法律原则？它在法律适用中具有什么样的意义呢？我们将探讨这些问题。

（一）法律原则的含义

人们对法律原则的界定见仁见智，有学者将这些观点归纳为以下几个方面：①从发生学的角度来看，原则形成于法官的司法活动和社会公众的道德意识，在法律职业和公众当中不受限制地产生的适当性思想意识中缓慢演进，最后为法律所确认；②从原则在法律体系中的地位来看，原则是可以作为众多法律规则之基础或本原的综合性、稳定性的原理和准则，它对法律规则、法律概念以及法律制度等都具有一定的指导和规制作用；③从内容来看，原则是有关尊重和保障个人或社会集团的权利的政治决定；④从方法论的角度来看，原则是用来进行法律推理的权威性出发点；⑤从法律适用的角度来看，原则是法官处理疑难案件时所适用的一项有约束力的标准，它对法官的裁决具有实质性影响。

综合这些观点，我们认为，法律原则是指从法学原理和法律实践中总结概括出来的、为其他法律要素提供基础或本原的综合性、稳定性原理和准则。与其他法律要素相比，法律原则具有其自身的特征。这些特征归纳起来主要有以下四个方面：一是稳定性程度比较高，往往不因个人、社会条件而发生变化；二是覆盖面较广，具有宏观指导性，有些原则甚至适用于所有法律领域；三是具有较大的弹性，自由裁量的空间较大；四是在逻辑结构上比较简洁、简单，大多采用陈述性命题，一般存在于序言、总论、修正案、法律原则专章等中。

（二）法律原则的分类

法律原则由多方面构成，依据不同的标准可以做出不同的分类。

第一，依据法律原则的覆盖面，可以分为基本法律原则和具体法律原则。基本法律原则覆盖所有法律领域，是一切法律活动的基础和指导，如法律平等原则、基本人权原则等；具体法律原则适用于某一法律领域，是某一类法律活动的基础指导，如司法独立原则，人民主权原则等。

第二，依据法律原则的来源，可以分为公理性原则和政策性原则。公理性原则是从社会关系的本质中产生出来的、得到广泛承认并被奉为公理的法律原则，如刑法中的罪刑法定原则、民法中的诚实信用原则、诉讼法中的正当程序原则；政策性原则是来源于国家关于社会发展和进步的决策、指示、决定及目的、目标的法律原则。

第三，依据法律原则的适用对象，分为实体性原则和程序性原则。实体性原则适用于实体法律问题，如罪刑法定原则、民事活动遵守社会公德原则；程序性原则适用于程序法律问题，如公开原则、回避原则。

（三）法律原则与法律规则的区别

法律原则和法律规则存在着诸多方面的区别，归纳起来主要有以下四个方面。①法律规则是非常明确具体的，并且有着较为严格的内部逻辑结构；法律原则往往是比较含糊和抽象的。②法律规则在适用时往往是竞争性的；法律原则的适用则可以兼容和共存。③法律规则的适用范围较为狭窄；法律原则的适用范围则相对要广泛得多，属于某一个法律领域的原则，它的约束力遍及整个法域。④法律规则主要是规范性的，可以轻易为立法者设计或改变；法律原则主要是价值性的，一般经由长期社会发展所创设或消除，具有相对的稳定性和权威性。

（四）法律原则的功能

法律原则的功能突出表现在两个方面。

一方面，法律原则是法律的灵魂，为法律的制定提供依据和指南。①法律原则直接决定法律的具体内容和基本价值取向。法律规则是法律原则的具体化，法律原则是法律规则的指导。例如，法律平等原则使得法律规则在规定权利和义务时使二者统一起来，任何人在享有权利的同时履行相应的义务、在承担义务的同时享有相应的权利。②法律原则是使法律体系中各项具体制度与规则保持连续、稳定和协调的保证。例如，我国民法典第5条规定："民事主体从事民事活动，应当遵循自愿原则，按照自己的意思设立、变更、终止民事法律关系。"这一规定是整个民法的指导原则和出发点，违反这一原则的民事法律规范都是无效的。

另一方面，法律原则不仅对立法具有指导意义，而且对法律的实施具有重要影响。在一般情况下，法官断案的依据是法律规则，但是当法律规则存在缺陷而不能应对社会生活的挑战时，法律原则就可以予以直接适用或参酌适用。具体地说，在以下四种情况下，法官可以而且应该以合目的性和合理性的精神，以法律原则来否定或证成某种法律行为和法律关系。第一种情况是规则模糊，也就是说，存在适用于个案的单一法律规则，但规则的内容模糊，通常是其所含的概念并不清楚；第二种情况是规则冲突，也就是说，存在复数的适用于个案的规则，这些规则分别指向不同的判决结果，并且无从确定相互间的优先性；第三种情况是规则悖反，这种情况是指存在适用于个案的单一法律规则，但规则的适用结果却不符合规则的设立目的，甚至让人无法接受；第四种情况是规则空缺，即适用于个案的法律规则并不存在，或者存在规则漏洞。

四、法律的技术性事项

在阐述法律的技术性事项之前，阅读几条法律规定是必要的。

我国刑法第452条："本法自1997年10月1日起施行。列于本法附件一的全国人民代表大会常务委员会制定的条例、补充规定和决定，已纳入本法或者已不适用，自本法施行之日起，予以废止。列于本法附件二的全国人民代表大会常务委员会制定的补充规定和决定予以保留。其中，有关行政处罚和行政措施的规定继续有效；有关刑事责任的规定已纳入本法，自本法施行之日起，适用本法规定。"

我国立法法第61条规定："法律根据内容需要，可以分编、章、节、条、款、项、目。编、章、节、条的序号用中文数字依次表述，款不编序号，项的序号用中文数字加括号依次表述，目的序号用阿拉伯数字依次表述。法律标题的题注应当载明制定机关、通过日期。经过修改的法律，应当依次载明修改机关、修改日期……"

我国宪法第142条规定：“中华人民共和国国徽，中间是五星照耀下的天安门，周围是谷穗和齿轮。”

上述法律规定，从法律构成要素的角度来说，都属于法律技术性事项。那么，什么是法律技术性事项？它主要有哪些方面的内容？

（一）法律技术性事项的含义

这里的法律技术性事项不是指立法技术、司法技术等，而是指作为法律构成要素的技术性事项，是法律中有关法的生效时间、解释权、修正程序、公布的文字形式等事项的规定。这些技术性事项不多，但对于法律的成立和实施是不可缺少的。

（二）法律技术性事项的内容

法律技术性事项主要由以下五个方面的内容构成。

第一，法律生效和废止的时间问题。法律何时生效一般根据法律的具体性质和实际需要来决定，具体分为四种情况：一是自法律颁发之日起生效；二是由该法来规定具体生效时间；三是由专门法规定该法的具体生效时间；四是规定法律颁布后到达一定期限开始生效。法律的废止分为明示的废止和默示的废止两种方式。法律明确规定的废止规范性法律文件属于技术性事项。

第二，法律的溯及力问题。即法律对其生效以前的事件和行为是否适用的问题。法律如果对其生效以前的事件和行为能够适用就具有溯及力；如果不适用，就没有溯及力。在民法适用上，“法律不溯及既往”是早在古罗马法中就得到确立并为后世所公认的原则。在刑法适用上，各国普遍采用“从旧兼从轻”原则，即新刑法原则上不溯及既往，但是新刑法不认为犯罪或者处刑较轻的，适用新法。中国在法律溯及力问题上与世界通例无异，民法适用一般没有溯及力，刑法适用坚持“从旧兼从轻”原则。

第三，有关法律解释权问题。即国家机关是否拥有说明解释法律规范的含义、用语的职权的问题。例如，我国立法法第45条规定：“法律解释权属于全国人民代表大会常务委员会。法律有以下情况之一的，由全国人民代表大会常务委员会解释：（一）法律的规定需要进一步明确具体含义的；（二）法律制定后出现新的情况，需要明确适用法律依据的。”

第四，法律体例、标题题注、公布文字形式等问题。例如，我国立法法第61条的规定。

第五，国旗、国徽、国歌等规定中的技术性因素。例如，我国宪法第141条规定："中华人民共和国国旗是五星红旗。中华人民共和国国歌是《义勇军进行曲》"；第142条规定"中华人民共和国国徽，中间是五星照耀下的天安门，周围是谷穗和齿轮"。

第三章

法律的外在形式

第一节　法律的渊源

一、法律渊源的界定

法律渊源又称为法的渊源、法的形式，它包括两个不可分割的要素，一是其与法的效力的直接联系，二是现行的法律文件须有一定的法律表现形式。具体来说，法律渊源是指具有不同法律效力的法律表现形式，它涉及的问题很多，例如，法律来自哪些途径，即法律由哪些机构产生，以什么样的形式产生、各种法律规范之间的效力层次关系如何，等等。

在不同的国家、在同一国家的不同历史时期，法律渊源往往有所不同。例如，英美法系国家的司法坚持“遵从先例”的原则，判例是一种重要的法律渊源；在大陆法系国家，理论上和立法上都不承认判例作为法律的正式渊源。人类的法律渊源发展大致经历了从习惯法到制定法、从不成文法到成文法的过程，即使是成文法的行使，在不同时期也有不同特色。例如，在我国封建社会时期，法律形式长期以“律、令、格、式、典、敕、科、比”为主，直到19世纪末才逐渐借鉴和吸收西方法制，形成以宪法、法律、行政法、民商法、诉讼法等为主要内容的法律渊源形式。①

法律渊源是由多方面构成的有机整体，因而存在着划分或分类的问题。依据当代美国法学家博登海默的观点，法律渊源可以分为正式法律渊源和非正式法律渊源。

正式法律渊源是指可以从国家制定的规范性法律文件的明文文本形式中得到的渊源，具体表现为成文法，即由国家机关依照一定程序制定颁布的、以条文的形式表现出来的规范性法律文件，既包括国家立法机关制定的规范性法律文件，也包括国家行政机关在其职权范围内制定颁布的规范性法律文件。法典是制定法中最具有代表性的一种法律渊源。

---

①孙明．当代法学教育创新与实践研究[M]．北京：新华出版社，2022：3-9.

非正式法律渊源是指没有被正式法律文件明确阐释与体现，但具有法律意义的规则、原则和理念，具体表现为两个方面。

一是不成文法，包括判例法、习惯法。不成文法是未经国家立法程序制定、不以法律条文为表现形式但具有法律约束力的行为规则。判例法不是简单的法律汇编，其意义在于把这些判决先例所确立的原则，确定为以后审判活动必须遵循的准则，据此审理同类案件。这样，判例就不仅是对一个案件的决定，而且是具有普遍意义的法律规范。习惯法是指经有权的国家机关以一定方式认可、赋予其法律效力的习惯和惯例。人类社会早期的法律渊源大多是习惯法，随着人类认识能力的提高，制定法律的能力增强，制定法逐步发展起来，习惯法的作用范围日益缩小，但时至今日，习惯法依然作为制定法的补充形式发挥着规范人们行为、调整社会关系的作用。

二是学理，即法律学说、法律理念、法律一般原理、法律基本精神。在古代，法律学说和法律理念是其他法律渊源的重要补充。在某些特定场合，当法律实践中遇到法律制度缺乏规定的问题时，执法者可以依据法学家的权威性学说或者自己对法的基本精神的理解来处理案件。在现代国家，由于制定法和判例法体系的不断完善，直接将法律理念作为法律渊源的情况已不多见。但是，法律理念对于法律的理解和揭示，对法律的制定和实施仍然具有重要影响。

二、当代中国法律渊源

当代中国法是社会主义性质的法，但它与世界上大多数国家一样，在法律渊源上也有正式与非正式之分。

（一）当代中国正式法律渊源

当代中国正式法律渊源是以宪法为核心的各种制定法，主要有宪法、法律（基本法律和基本法律以外的法律）、行政法规、地方性法规、自治法规、部门规章、地方政府规章、国际条约等。

第一，宪法。即全国人民代表大会依照程序制定和修改的，综合性地规定国家、社会和公民生活的根本事项的规范性法律文件，其主要功能是制约和平衡国家权力，保障公民权利。宪法具有最高的法律效力，是具有最高权威的法律形式；宪法是其他一切法律形式的依据和基础，其他一切法律形式的制定都必须符合宪法的原则和精神；违反宪法的规定、原则或精神的法律形式都是无效的。基于宪法与其他法律形式的这种关系以及宪法的内容和特征，有学者将宪法称为“母法”、根本法，其他法律形式称为“子法”、普通法。

第二，法律（狭义）。即全国人民代表大会及其常务委员会依照法定职权和程序制定的关于国家的基本经济制度、政治制度、社会制度和公民基本权利的法律形式，它的效力仅次于宪法，属于第二等级的法律形式。依据《中华人民共和国立法法》的规定，全国人民代表大会制定和修改刑事、民事、国家机构的和其他的基本法律；全国人民代表大会常务委员会制定和修改除应当由全国人民代表大会制定的法律以外的其他法律；在全国人民代表大会闭会期间，全国人民代表大会常委会对全国人民代表大会制定的法律进行部分补充和修改，但是不得同该法律的基本原则相抵触。具体地说，下列事项只能制定法律：①国家主权的事项；②各级人民代表大会、人民政府、监察委员会、人民法院和人民检察院的产生、组织和职权；③民族区域自治制度、特别行政区制度、基层群众自治制度；④犯罪和刑罚；⑤对公民政治权利的剥夺、限制人身自由的强制措施和处罚；⑥税种的设立、税率的确定和税收征收管理等税收基本制度；⑦对非国有财产的征收、征用；⑧民事基本制度；⑨基本经济制度以及财政、海关、金融和外贸的基本制度；⑩诉讼和仲裁基本制度；⑪必须由全国人民代表大会及其常务委员会制定法律的其他事项。

第三，行政法规。即国家最高行政机关国务院依据法定职权和程序制定的规范性法律文件，由两个部分构成：一是为执行法律和履行行政管理职权而制定的规范性法律文件，二是依据全国人民代表大会及其常务委员会的授权，就本该制定法律的除犯罪和刑罚、剥夺公民政治权利和限制人身自由的强制措施和处罚、司法制度等事项之外的其他事项而制定的规范性法律文件。行政法规的法律地位和法律效力低于宪法和法律，处于效力等级的第三级，其制定应该根据宪法和法律的规定进行，不得与宪法和法律相抵触，否则无效。

第四，地方性法规和自治法规。地方性法规是省、自治区、直辖市的人民代表大会及其常务委员会制定的规范性法律文件，内容涉及地方性事务以及根据本地区实际情况对法律、行政法规的具体执行，处于效力等级的第四级，不得与宪法、法律和行政法规相抵触。自治法规是民族自治地方的权力机关所制定的特殊地方规范性法律文件，即自治条例和单行条例的总称。各级民族自治地方的人

民代表大会都有权依照当地民族的政治、经济和文化特点制定自治条例和单行条例。自治区的自治条例和单行条例报人民代表大会常务委员会批准后生效；自治州、自治县的自治条例和单行条例报省或自治区人民代表大会常务委员会批准后生效，并报全国人民代表大会常务委员会备案。自治条例和单行条例同地方性法规在立法依据、程序、层次、构成方面，同宪法和其他规范性法律文件以及与全国人大及其常委会和国务院关系方面，均有所区别。自治条例和单行条例可作为民族自治地方的司法依据。

第五，部门规章。即国务院各部委制定的规范性法律文件，内容限于执行法律、行政法规以及相关的具体行政管理事项，其效力不仅低于宪法、法律和行政法规，而且略低于地方性法规。如果部门规章的规定与地方性法规的规定有冲突而不能确定适用哪一个，那么应由国务院提出意见；如果国务院认为应当适用地方性法规，那么就应适用地方性法规；如果国务院认为应当适用部门规章，则要提请全国人大常委会裁决。

第六，地方政府规章。即省、自治区、直辖市和设区的市、自治州的人民政府所制定的规范性文件，内容限于执行法律行政法规和地方性法规的规定，以及本行政区域的具体行政管理事项。地方政府规章除不得同宪法、法律、行政法规相抵触外，还不得与上级和同级地方性法规相冲突。地方政府规章以及上面提到的地方性法规只在制定该规章和法规的行政区域具有约束力。

第七，国际条约。即两个或两个以上国家或国际组织之间缔结的相互间权利与义务的法律文件（国际条约的名称，除条约外还有公约、协议、协定、议定书、盟约、换文和联合宣言等）。国际条约本来是国际法的形式，但对缔结或加入条约的国家的国家机关、公职人员、社会组织和公民也有法律约束力。从这个意义上说，我国同其他国家和地区缔结或我国加入并生效的国际条约也是我国的一种法律形式，除我国在缔结时宣布持保留意见不受其约束的以外，都与国内法具有一样的约束力。

（二）当代中国非正式法律渊源

当代中国非正式法律渊源有习惯、政策、道德、判例等，它们在某些特殊情况下对法律问题的解决具有参考作用。

中华人民共和国成立以后，习惯作为法律渊源的作用是比较有限的，但并未禁绝。例如，1949年的《中国人民政治协商会议共同纲领》第53条规定："各少数民族均有发展其语言文字、保持或改革其风俗习惯及宗教信仰的自由……"《中华人民共和国宪法》第4条第4款规定："各民族都有使用和发展自己的语言文字的自由，都有保持或者改革自己的风俗习惯的自由。"现行《中华人民共和国民族区域自治法》第10条规定："民族自治地方的自治机关保障本地方各民族都有使用和发展自己的语言文字的自由，都有保持或者改革自己的风俗习惯的自由。"这些规定为确立习惯法在我国法律渊源中的地位奠定了基础。

我国现行法律规范中，有相当一部分法律、法规涉及习惯法方面的内容。例如，《中华人民共和国人民警察法》第20条要求警察"尊重人民群众的风俗习惯"。《中华人民共和国监狱法》第52条规定"对少数民族罪犯的特殊生活习惯，应当予以照顾"。

当前在我国，习惯法的作用主要表现在有关少数民族的婚姻、继承等方面以及某些行业的行业习惯（行规）方面。此外，政策、判例在某些情况下对于法律活动具有一定的参考和指导意义。

第二节　法律的类型

对于法律的存在形式，可以从一定角度或根据一定标准划分为不同的类型。世界上绝大多数国家公认和采用的标准以及划分的类型主要有以下五种。①

一、国内法与国际法

这是以制定法主体为标准对法律存在形式所做的分类。国内法是指由一国立法机关制定或认可，并适用于本国主权范围内的法律规范的总称，例如《中华人民共和国宪法》《中华人民共和国民法典》《德国民法典》等。国际法是作为国际关系主体的国家、地区或国际组织之间缔结或参加并适用的法律规范的总称，例如《联合国宪章》《联合国海洋法公约》《国际民用航空公约》《维也纳外交关系公约》等。国际法的基本原则是：各国主权平等，互相尊重主权和领土完

①刘旺洪. 法学专业实践教学改革探索[M]. 南京：南京大学出版社，2022：8-21.

整，互不侵犯，互不干涉内政，平等互利，和平共处，民族自决，和平解决国际争端，忠诚履行国际义务等。国内法与国际法关系密切。国际法优于国内法，必须以该国缔结或加入国际法为前提。

二、公法和私法

这是以法律保护的利益为标准，对法律存在形式所做的分类。传统的分类方法最早由古罗马法学家乌尔比安提出，在《查士丁尼国法大全》和《法学阶梯》中均有此提法。一般认为，公法是保护国家或公共利益的法律，如宪法、行政法、刑法、诉讼法等；私法是保护个人利益的法律，如民法、商法等。

三、实体法和程序法

这是以法律规定的内容和价值取向为标准，对法律存在形式所做的分类。实体法是规定法律关系主体的权利或职权、义务或职责，以追求实体正义为主要内容的法律规范的总称，如宪法、民法、刑法、商法等。程序法是保障法律关系主体的权利义务的实现，以及规定诉讼过程中带有程序性的法律关系权利义务的法律规范的总称，如民事诉讼法、行政诉讼法、刑事诉讼法等。

四、根本法和普通法

这是以法律效力、基本内容和制定程序为标准，对法律存在形式所做的分类。根本法是在一国法律体系中具有最高法律效力和居于核心地位的、规定国家根本制度和公民基本权利与义务、具有严格的制定和修改程序的法律，大多数国家称为宪法，在少数国家称为基本法，如德国基本法。普通法是规定某一领域、某一方面的法律关系或具体事务的法律规范的总称，是除宪法以外的其他所有成文法，如民法、刑法、诉讼法等。普通法的法律地位和法律效力低于宪法，制定程序也没有宪法那么严格和复杂。

五、一般法和特别法

这是以法律适用范围为标准，对法律存在形式所做的分类。一般法是针对一般人、一般事、一般时间、在全国范围内普遍适用的法律；特别法是针对特定人、特定事或在特定地区、特定时间内适用的法律，这一分类是相对的。针对地区来说，宪法是适用于全国范围的一般法。针对时间而言，宪法、刑法、民法等在修改和废止之前一直有效；而紧急状态法则只有在出现紧急状态的时候才能适用。

第三节 法律体系

一、法律体系的定义

在现代社会，随着法律在国家治理和社会服务中的作用越来越重要，国家制定的法律也越来越多。为了更好地进行立法、执法、司法和法学研究，我们需要根据法律的性质及其有关属性将所有法律进行分类。这样一来，具体的法律规范就不再是一个单独的存在，而是属于某一个部门，而所有这些法律部门则构成一个完整的整体，形成法律体系。①

所以，我们可以将法律体系定义为：一个国家的全部现行法律规范，按照一定的标准和原则划分为各个法律部门，而形成的内部和谐一致的统一整体。需要注意的是，一个国家的法律体系由这个国家的全部现行法律构成，不包括外国法和国际法，也不包括已经废止的法律。

法律体系的形成是立法活动和法学研究的共同产物，是制度和思想的产物。立法机关创制出形形色色的、种类繁多的规范性法律文件，而法学研究则对这些规范性法律文件进行性质上的鉴别和定位，从而归类组合，形成法律体系。

从法律体系的定义可以看出，法律部门对于法律体系具有至关重要的意义，它是构成法律体系的基本单位。那么，什么是法律部门呢？综合学界的看法，法律部门是指根据一定的标准划分的、由一国现行法律中同类法律规范构成的整体。在理解法律部门时，需要把握两种关系：一是法律部门与法律规范的关系。法律部门与法律规范实际上是从属关系，也就是说，若干个具有共同属性和功能的法律规范组合在一起，就形成了一个法律部门。二是法律部门与法律制度的关系。法律制度是关于某一类问题的法律规定，每一个部门法包含了许多法律制度。例如，民法这个法律部门包括所有权制度、人身权制度、合同制度、债权制

①高立．法学概论[M]．沈阳：东北大学出版社，2021：23-31.

度等。

法律部门的划分不是任意的，而是依据一定的标准划分的。一般而言，划分法律部门的标准有两个：一是法律调整对象即社会关系，这是基本标准；二是法律调整方法，这是辅助性标准。法律所调整的社会关系的共同点、不同点以及相互联系是影响法律规范的特征、区别和联系的基本因素，因此法律调整的社会关系成为划分法律部门的基本标准。由于社会关系纷繁复杂，仅依据法律调整对象不足以很好地划分法律部门，这时候就需要运用法律调整的方法，即国家在以法律调整这些关系时所确立的、用以影响这些社会关系的法律方式和手段，如法律制裁方法等。由于法律调整方法不能脱离一定的社会关系及其要求，因而法律调整方法是划分法律部门的辅助性标准。

划分法律部门，不仅要依据上述两个标准进行，而且要遵循以下五项原则：一是目的原则，即划分法律部门要使之符合其存在的价值与目的；二是规范原则，即以现实的规范性法律文件为基础来划分法律部门；三是平衡原则，即法律部门的划分既不应过宽，也不应过细，应注意保持各法律部门之间适当的平衡；四是发展原则，划分法律部门应以全部现行法律规范为基础，还要适当考虑正在制定或即将制定的法律规范；五是开放原则，即在总结本国法治建设经验的基础上，借鉴、吸收他国的有益经验，以利于我国的对外开放和法律体系建设。

二、当代中国的法律体系

目前中国特色社会主义法律体系已经形成。依据上述划分法律部门的标准和原则，可以将我国法律体系划分为宪法、行政法、民商法、刑法、社会法、经济法、诉讼法、环境法、军事法、文化法等十个法律部门。

（一）宪法

宪法既是具有最高法律效力的法律形式，也是在法律体系中居于核心地位的法律部门。宪法是整个法律体系的基础，是其他法律部门的立法依据，对整个法律体系的构建具有指导意义。作为一个法律部门，宪法主要由两个方面构成：一是《中华人民共和国宪法》；二是其他附属的宪法性法律，包括国家机关组织法、选举法、民族区域自治法、特别行政区基本法、国籍法、国旗法、国徽法等。

（二）行政法

行政法作为一个法律部门，是指调整国家行政管理活动中各种社会关系的法律规范的总和。国家行政管理的范围非常广泛，涉及教育、科学、文化、卫生、体育、民政、公安、国防、外交、民族、宗教、侨务、环境、能源、交通、城市建设等方面，因而行政法律规范也相当复杂。对这些行政法律规范，依据适用的范围，可以划分为一般行政法（又称行政法总则）和特别行政法（又称行政法分则），前者指所有特别行政法都共同适用的法律规范，如公务员法、行政处罚法、行政复议法等；后者是关于各专门行政职能部门管理活动的法律规范，如海关法、高等教育法等。

（三）民商法

民商法是调整作为平等主体的公民之间、法人之间、公民和法人之间的财产关系和人身关系的法律规范的总和。2020年5月28日，十三届全国人大三次会议表决通过了《中华人民共和国民法典》，自2021年1月1日起施行。由于我国采用民商合一的立法模式，所以商法也属于民法部门。商法虽然是调整公民、法人之间的商事关系和商事行为的法律规范的总称，但它是在民法基本原则的基础上适用市场经济发展的需要而发展起来的，如公司法、证券法、保险法、海商法、个人独资企业法、招标投标法等。为了突出商法的地位，有些教科书用“民商法”来指称民法部门。

（四）刑法

刑法是调整因犯罪所产生的社会关系的法律规范的总称，这些法律规范对犯罪及其刑事处罚作出规定。作为一个法律部门，刑法的最大特征在于它以最严厉的法律制裁方式，即刑事处罚的方式对犯罪行为进行规制。我国目前的刑法部门都以《中华人民共和国刑法》（以下简称刑法）为轴心，包括其他一些有关犯罪与刑事处罚的法律规范。

（五）社会法

社会法是调整劳动关系、社会保障和社会福利关系的法律规范的总和，它是为适应我国市场经济健康发展，以及构建社会主义和谐社会的需要而产生的法律部门，其宗旨在于保护公民的社会权利，尤其是保护弱势群体的利益。目前，我国的社会法包括劳动法、劳动合同法、工会法、公益事业捐赠法、红十字会法、妇女权益保障法、未成年人保护法、残疾人保障法、矿山安全法等。

（六）经济法

经济法是指调整国家在经济管理中发生的经济关系的法律规范的总和。作为法律部门的经济法是从狭义上来讲的，它包括以下几个部分：一是宏观调控方面的法律，如审计法、会计法、价格法、个人所得税法、中国人民银行法等；二是创造平等竞争环境、维护市场秩序方面的法律，如反不正当竞争法、反垄断法、广告法、产品质量法、消费者权益保护法等；三是经济管理方面的法律，如标准化法、中小企业促进法、统计法、对外贸易法、中外合资经营企业法、中外合作经营企业法、外资企业法、农业法、铁路法、建筑法、森林法、矿产资源法等。

（七）诉讼法

诉讼法律是指由规定各种诉讼活动的法律规范所构成的法律部门。相对于实体法而言，诉讼法是程序法，以规定有关程序为主要内容，其目标是从诉讼程序方面保证实体法的正确实施，保证实体权利和义务的实现。我国诉讼法主要包括刑事诉讼法、民事诉讼法、行政诉讼法。此外，仲裁法、律师法等纳入该法律部门之中。

（八）环境法

环境法是调整因保护环境和自然资源、防治污染和其他环境公害而产生的各种社会关系的法律规范的总称，其内容主要包括保护自然环境、自然资源与防治污染两个方面，其任务不仅包括对自然环境的保护，还包括对自然环境质量的改善。自改革开放以来，我国非常重视环境保护立法工作。宪法第26条第1款明确规定：“国家保护和改善生活环境和生态环境，防治污染和其他公害”；第9条第2款规定“国家保障自然资源的合理利用，保护珍贵的动物和植物。禁止任何组织或个人用任何手段侵占或者破坏自然资源”。目前，我国已经颁布的环境法律法规主要有环境保护法、矿产资源法及其实施细则、水法、森林法、草原法、渔业法及其实施细则、森林防火条例、草原防火条例、野生动物保护法及其实施条例、水土保持法、自然保护区条例、野生植物保护条例、城市绿化条例、大气污染防治法、水污染防治法、海洋环境保护法等。

（九）军事法

军事法作为一个法律部门，由有关军事管理和国防建设方面的法律规范构成，它以军事管理和国防建设中发生的社会关系为调整对象，对军事组织和军事人员的职能或职权、权利和义务、行为模式和行为的法律后果作出规定。目前，我国属于军事法律部门的规范性法律文件主要有兵役法、国防法、解放军军官军衔条例、军事设施保护法、中国人民解放军现役士兵服役条例、香港特别行政区驻军法以及军人抚恤优待条例等。

（十）文化法

文化法是调整个人、组织或政府从事各类文化活动所形成的影响文化利益的社会关系的法律规范的总和。伴随着我国社会主义文化建设及其相关立法的发展，文化法作为一个新兴的法律部门逐步形成，它以文化自由原则、切实公平享用原则、产业促进原则、文化多样性原则以及精神价值优先原则为基本原则，以文化事业法与文化产业法为两翼，“包括非物质文化遗产保护法、文物保护法、体育法、档案法、国家通用语言文字法、科学技术普及法等，国务院及其部门应依其职能在演出、电影、广播、电视、互联网、娱乐场所管理等领域出台行政法规或规章，如出版管理条例、印刷业管理条例、互联网文化暂行规定、娱乐场所管理条例等”。需要指出的是，我国文化法治建设起步较晚，相比于其他法律部门还不成熟，目前存在着“适用于文化领域的法律以法规、条例为主，设定管理处罚权限的较多，明确管理者与管理相对人权利义务的较少；由国务院主管部门或地方人大制定的法规较多，由人大常委会制定的法律较少；针对秩序进行管理的治标性内容较多，面向国际化潮流进行准入资格审验的办法较少”等情况。加强文化法治建设，实现文化法治化，是中国特色社会主义新时代推进全面依法治国的题中之义。

第四节 法 系

法系是用来揭示各国法律制度的现状、特征、渊源以及历史传统等方面的共同性的概念。在法律渊源、法律形式、法律结构、法律实践、法律意识等方面具有共同性的法律制度，属于一个法系。世界上的法系，主要有英美法系、大陆法系、伊斯兰法系、中华法系。①

一、英美法系

英美法系又称为英国法系、普通法系、判例法系，是承袭英国中世纪的法律传统而发展起来的各资本主义国家法律的总称。其地域范围主要有英国、美国、澳大利亚、新西兰、印度、巴基斯坦、孟加拉国、缅甸、新加坡、马来西亚、苏丹等。

英美法系偏重程序正义，在刑事司法上奉行当事人主义，刑事诉讼追求通过控辩双方当事人的平等对抗来发现案件事实，实现程序正义；在法庭设置上突出法官消极中立、控辩双方当事人平等对抗等特点。以美国法庭为例，其特征主要有以下五个方面。①法官席位于法庭正前方的中间和整个法庭的最高处。这种设置既象征法官在法庭上的崇高地位，体现法庭尊严，也使得法官得以居高临下，观察整个法庭内发生的各种情况。②证人席位置比法官席低，但高于其他席位。这种设置既是为了使证人作证时的“肢体语言”能够被法官和陪审团清楚地观察到、书记员做记录时能听清楚其证言的内容，也是为了使控辩双方当事人和旁听者能够看到证人和听清其证言。③控辩双方当事人席处于同一平面上，共同面对陪审团或面对法官，以体现双方平等地位。④被告人和辩护律师坐在一起。这种设置便于被告人和辩护律师在庭审中进行私下沟通，被告人能够及时获得律师的法律帮助，从而与辩护律师共同有效地行使辩护权。⑤法庭没有设置专门的被害人席位，如果他作为证人出席庭审，就站在证人席上作证；否则，他只能坐在旁听席上旁听。

二、大陆法系

大陆法系又称为罗马法系、罗马—日耳曼法系、民法法系、法典法系等，是

---

①吴祖谋，李双元．法学概论[M]．14版．北京：法律出版社，2021：33-42.

承袭古罗马法的传统、以《法国民法典》和《德国民法典》为蓝本而发展起来的各资本主义国家法律的总称。其地域范围主要有法国、德国、意大利、西班牙、葡萄牙、奥地利、瑞士、刚果民主共和国、布隆迪、日本、泰国、韩国、印度尼西亚以及中国的澳门特别行政区和台湾省等。

大陆法系偏重实体正义，在刑事司法上奉行职权主义理念，其刑事诉讼追求通过刑事案件双方当事人的平等参与和法官的职权调查来发现案件真相，在法庭设置上突出法官占据主导地位、控辩双方地位不完全对等特点。大陆法系国家的法庭设置体现了以下特征。①检察官与法官平起平坐，他们的席位都设置在台上，高于记录员、被告人、被害人、律师及证人席位；法官和检察官都穿红袍，以区别穿黑袍的律师，表明检察官是“国家公诉人”。②明确地划分被害人一方和被告人一方，并设置有专门的被害人席和被害人律师席、被告人席和辩护律师席，席位完全对向设置，从而表明被害人与被告人双方诉讼利益的对抗性。被害人席与其律师席、被告人席与其律师席都是前后排列布置，便于他们在庭审过程中随时进行沟通，既体现了被害人和被告人作为刑事案件双方当事人的平等地位，又象征着双方在诉讼中的平等。③被害人一方和被告人一方都有各自的记录员席和证人席，中央是证人位置，以便证人回答法官和检察官提问时能够被所有人看到和听到。④法庭中参审员席位位于台上，分布在法官席位两边，与法官和检察官席位并列。

三、伊斯兰法系

伊斯兰法系又称阿拉伯法系，是指以伊斯兰法作为基本法律制度的诸国形式的“法律系统”“法律家族”或“法律集团”。伊斯兰法，包括穆斯林宗教、社会、家庭等各方面的法规，兼具宗教和道德规范性质，同伊斯兰教教义有着密切联系，是每个伊斯兰教徒所应遵守的基本生活准则，一般对非穆斯林不具有约束力。

四、中华法系

在几千年的历史发展过程中，古老的东方民族不仅创造了丰富灿烂的物质文明和精神文明，更孕育了独具特色的法治文明，即中华法系。从夏商到明清，中华法系逐渐发展成熟。清朝作为中国最后一个王朝，继承了以往朝代（尤其是唐朝以来）的法律传统，并不断加以完善。德国历史法学派代表人物萨维尼曾言：与一个民族最相适合的法律是与这个民族的精神和风俗习惯密不可分的。中华法系是中华民族长期社会历史活动的产物，是中华民族的一种创造，是由中国古代社会农耕生产、宗法家族、集权政体三合一的社会存在决定的。中华法系具有不同于西方法律传统的特征，这主要体现在以下五个方面。

（一）以专制制度、宗法等级特权为特征的法律

西欧的封建国家，教会的势力很大，君主的权力有限，世俗的人定法从来没有取得“独大”的地位。在我国，长达两千多年的专制历史，使得“旧中国留给我们的封建专制传统比较多，民主法制传统很少”。

（二）法律具有统一性、封闭性

同西欧法律的分散性相比，中华法系具有统一性，从而也就相应地具有了垄断性、封闭性等特点，它远离世界其他国家法律而独立发展，直至清末。当然，这并不是说中华法系对其他国家没有影响。相反，由于具有相当的典型性和示范性，中华法系能超越国界，影响周边国家，形成以中国专制制度为主要内容，以周边的日本、朝鲜、越南等国家的同期法律制度为外延的带有儒家特色的区域性法律系统。

（三）儒家思想的绝对统治

自汉朝以来，儒家思想成为中华法系法律的精神内核，固然有积极因素，但三纲五常教义、轻视法律和诉讼、忽略权利等思想是不利于法制发展的消极因素。

（四）重刑轻民、诸法合体的法律传统

在中华法系的整个法律框架中，刑法居于最显赫、最重要的地位，其他一切法律都围绕刑法展开。

（五）国法与天理、人情的统一

在集权主义横行的中国古代，中华法系含有明显的专制特征。然而，在“礼”的精神指导下，中华法系还是讲究“天理”和“人情”的。用今天的话

说，就是天理、人情、国法三者的统一。三者中，“天理”是最高的准则，任何人都不可以违背，否则就会遭“天谴”；“人情”包含的内容较广，既有对人性某些特征的认识，也含有对当事人设身处地的考虑；而“国法”就是源于“天理”、建立在对“人情”进行切近考察的基础之上，并进行一定规范和预防的条款总和。

第五节　法律的历史类型

法律不是从来就有的，也不会永恒存在，法律有一个从产生到发展再到灭亡的过程。在历史上，由于不同历史阶段的经济基础和国家意志的性质不同，因而不同历史阶段的法律具有不同的本质。依据法律所赖以存在的经济基础及其体现的国家意志的性质而对法律作出的划分，称为法律的历史类型。[①]

一、奴隶制法

奴隶制法是人类历史上首次出现的法，也是第一种剥削阶级类型的法。它是随着私有制、阶级和国家的产生而在氏族制度的废墟上建立起来的，它建立在奴隶制生产关系基础之上，体现奴隶主阶级的意志和利益，经奴隶制国家制定或认可，凭借奴隶制国家强制力保证实施，是维护有利于奴隶主阶级的社会关系和社会秩序的工具。

奴隶制法在不同国家和地区由于奴隶制生产关系的发展程度不一而各有其特点。但是，作为一种历史类型，不同国家、不同地区的奴隶制法具有共同的基本特征：一是维护奴隶主对生产资料和奴隶的人身占有，保护奴隶制生产关系；二是公开确认人们身份的不平等，不仅明确规定维护奴隶主对奴隶的不平等关系，而且在自由民之间实行等级划分，不同等级的自由民有不同的权利和义务，在服兵役、工役、犯罪和刑罚、制礼作乐以及通婚等方面都有严格的差别；三是惩罚方法极其残酷，不仅有大量的以侮辱人格、增加肉体痛苦和精神恐吓为特点的刑罚方法，而且滥用死刑；四是带有原始习惯的某些残余，如古罗马时期《十二铜

①孙彬，王燕军. 实用法律基础[M]. 2版. 北京：中国人民大学出版社，2022：24-29.

表法》中有关家长杀死畸形婴儿、家长可出卖儿子、毁伤他人肢体可同态复仇等规定，都具有原始习惯的特征。

二、封建制法

封建制法是在法律演进过程中出现的第二种法律类型，它是封建地主阶级意志的体现，建立在封建生产关系的基础之上，维护封建的社会关系和社会秩序，是封建地主阶级实现其阶级统治的工具。由于自然地理环境和经济政治文化发展状况的差异，在人类社会向封建社会的过渡之中，各国经历了不同的途径，在经济结构、政治结构和思维方式等方面均有各自的特色，因此各国的封建制法也具有自己的特色。

封建制法作为法律的一种历史类型，内含封建制的本质规定，因而各国的封建制法存在着诸多普遍性特征。①严格保护封建土地所有制。例如，为了防止土地分散、任意转让土地引起封建门庭衰落而削弱封建地主的经济实力，世界各国法律规定长子继承权。②确认和维护农民对地主的人身依附关系，农民没有独立的法律地位和完全的法律人格。③确认和维护封建等级特权。例如，中国封建社会的“八议”规定，亲、故、贤、能、功、贵、勤、宾等八种人犯罪，除“十恶”外，流罪以下减一等，死罪则根据其身份和犯罪情节，由官吏集议，报请皇帝批准减刑。④刑罚严酷，野蛮擅断。例如，中国封建制法规定了族刑和连坐制度，在司法上实行有罪推定、秘密审判和刑讯逼供等。

中国封建主义的一大特征是家长制。在家长制下，家族观念十分严重，宗族关系十分密切，一人做了大官，可以荫及子孙、族人；一人犯了罪，也要祸及子孙、族人。一人犯罪，除处死本人外，还要诛杀子孙、族人，称为族刑。族刑在商朝时就有了，把它规定在法律中，是从战国时期的秦国开始的，秦惠文王杀死商鞅全家，就是著名的案例。秦始皇统一中国后，采纳李斯的建议：“以古非今者族。”秦二世时，李斯不仅自己受到严酷的刑罚，而且被夷三族。此后，各朝各代都有族刑。唐朝的族刑，将诛杀的亲属限制在成年男子的范围内，唐律规定：诸谋反及大逆者，皆斩，父子年十六岁以上皆绞，十五岁以下男子及母女、妻妾、祖孙、兄弟、姊妹，均没官为奴，财产充公；叔伯父之子皆流三千里。宋元明清的族刑，基本上沿袭唐朝的规定。

三、资本主义法

资本主义法是第三种法律历史类型，是最后一种剥削阶级类型的法律。从历史角度看，它有近代和现代之分。近代资本主义法即自由资本主义时期的法，建立在资本主义经济基础之上，反映处于上升时期的资产阶级的意志，维护资本主义自由竞争，具有以下基本特征：一是确认“私有财产神圣不可侵犯”；二是保障契约自由；三是坚持法律面前人人平等。在具有这些特征的法律的作用下，近代资本主义生产方式迅速发展，资产阶级的共同利益在其“法治国家”的稳定状态下得到最大化的实现。

现代资本主义法即垄断资本主义时期的法律，虽然在发展进程中曾出现德国、日本、意大利等法西斯主义的逆流，但在总趋势上是不断进步的。这种进步性至少有五个方面的表现：①法律体系日益完备，形成了经济法、科技法、环境保护法、能源法、航空航天法、知识产权法等新的法律领域；②法律对经济的作用大大加强，如以法律手段调节各社会集团之间的矛盾、加强对自然资源和环境的保护、规定各种社会福利和服务事业等；③法律社会化成为发展主流，各种社会立法纷纷出现，如劳工法作为一个独立的部门法在20世纪初形成；④法律民主化程度日益提高，主要资本主义国家在“二战”后或修改宪法，或制定比较民主的新宪法，对公民的财产权、劳动权、受教育权、居住权、迁徙权以及言论、出版、集会、结社、宗教信仰等方面的自由作出明确规定；⑤法律的一体化趋势加强，不仅两大法系相互靠拢，而且在一些地方如欧盟出现了立法和司法趋向统一的趋势。

四、社会主义法

社会主义法随着无产阶级政权的诞生而诞生，建立在生产资料公有制的基础之上，是工人阶级领导的全体人民意志的反映。当代中国法是社会主义性质的法，它既具有法律的一般特征，如普遍性、规范性、国家强制性等，也具有区别于任何剥削阶级类型的法律的新特征。

与其他历史类型的法律相比，当代中国法具有如下优点和特点。

第一，阶级性和人民性的统一。当代中国法在本质上是工人阶级领导的全国人民共同意志的体现，既具有阶级性，又具有人民性，而且阶级性与人民性是统

一的。

第二，规范性和科学性的统一。当代中国法是法律规范体系的总和，具有规范性。当代中国法反映的是全体人民的共同意志，这种共同意志的具体内容随着社会的发展变化而发展变化，它与历史发展的基本方向和基本规律相一致，因此当代中国法能将规范性与科学性统一起来。当然，这是一个提高与发展的过程。

第三，权利与义务的统一。任何人既是权利主体，也是义务主体，在享有一种权利的同时必然承担另一种义务。当代中国法在反映人民的意志时，能达到权利与义务的统一。

第四，自觉遵守和强制实施的统一。当代中国法体现工人阶级领导的全国人民的意志，因此，人民一般能自觉遵守国家法律。但是由于社会、经济、文化、人的素质等原因，违法犯罪的现象仍然存在，因此，国家还必须对法律予以强制实施，对违法犯罪行为予以必要的制裁。

第五，“一国”与“两法”的统一。香港、澳门回归后，当代中国法出现了“一国两法”的独特情形，实现了“一国”与“两法”的统一。

第六，国情与公理的统一。中国是一个社会主义国家、发展中国家，幅员辽阔、人口众多、具有悠久的文明历史，这就是中国的特殊国情。任何能够有效运转的法律制度都必须以适合该社会的现实条件和实际状况为前提，因此，当代中国的法律制度必须反映并适合中国的国情，否则将不能真正发挥作用。同时，中国又是一个在社会主义制度下实行市场经济和民主政治的国家，而市场经济和民主政治都具有内在的一般规律。例如，任何社会的市场经济都要求依法保障交易安全，任何社会的民主政治都要求政府依法行政，等等。这就决定了当代中国的法律制度在发展和完善的过程中，必须把反映国情和反映现代法制公理统一起来。

五、法律的现代化

随着人类社会从传统向现代的转型，法律也开始了现代化进程。所谓法律现代化，是指一国法律伴随着该国政治、经济、文化等诸领域的现代化，而出现的从传统人治向现代法治转变的过程，它意味着一个社会的法律能够适应现代社会的要求，能够对现代社会的各种纷繁复杂的社会关系予以有效调整，从而使现代社会的各个方面处于有序运转的状态。在总体上，法律现代化的目标是法律集中反映和体现现代社会政治、经济、文化等方面发展的最新和最高成果。具体而言，法律现代化的目标有内容、形式和程序三个方面：在内容上，法律吸纳时代精神，对具有时代进步特征和现代特征的要求作出反应，将正义、秩序、人权、效率、公平等价值纳入其中；在形式上，一方面法律规范明确化、周密化、严谨化，另一方面形成一个门类齐全、结构严密、层次分明、前后照应、相互连贯、和谐一致的法律体系；在程序上，法律行为的步骤和方式具有正当性和合理性，包括立法程序的民主性、科学性，执法程序的公开性、公平性和公正性，司法程序的独立性、中立性、公正性等。

法律现代化是世界各国法律发展的必由之路，也是各国法律发展的必然趋势。然而，不同民族或不同国家的法律，在不同的政治、经济、文化等因素的作用下，总是以特定的机理沿着特定的路径演进。在同一种社会形态下，各国的经济发展水平、政治文明的程度、文化教育状况等不同，它们的意识形态、历史传统、风俗习惯、自然环境、人口因素等各有其特征，因而各国法律现代化的机理、路径等方面也存在不同，由此形成法律现代化的不同模式，这些模式以内发型和外发型两种模式最为典型。

内发型模式是指法律因本国的政治、经济、文化等方面的现代化而逐步从传统转向现代的模式，它是在法律现代化所需要的经济、政治、文化条件逐渐成熟的情况下顺其自然、水到渠成的结果，是在社会内部力量作用下而实现的自主创新。在这一模式中，政府起着消极的、被动的作用，政府只是顺应市场经济、民主政治等发展的要求进行法律变革，实现法律从传统向现代的转型。英、法等西方国家的法律现代化模式就属于此类型。

外发型模式是指法律从传统向现代的转变是在他国先进法律文化的冲击下实现的，它是法律相对落后的国家学习、借鉴、移植他国先进法律文化而实现的法律变革，是外因通过内因起作用的具体体现。在这一模式中，政府扮演着领导者、组织者、策划者的角色，对法律现代化起着一种特别突出的作用。这一模式以日本、俄罗斯等国家的法律现代化为代表。

法律现代化的路径主要有三种。首先，法律继承，即不同历史类型的法律制度之间的延续、相承、继受。它是一种批判的继承，赋予旧法以新的阶级内容和社会功能，使之成为新法的有机组成部分。其次，法律移植，即一个国家对同时代其他国家法律制度的吸收和借鉴。它是在鉴别、认同、调适、整合的基础上，

引进、吸收、采纳、摄取、同化外国的法律（包括法律概念、技术、规范、原则、制度和法律观念等），使之成为本国法律体系的有机组成部分。最后，法律国际化。它主要包括两个方面的内容，一是法律超越国家的限制，形成全球的共同法；二是各国的国内法在原则、制度等方面趋于一致。

中国法律现代化并非今日始，早在20世纪初，我国就踏上了法律现代化的道路。然而，由于传统文化的积淀、认识的偏差，中国法律现代化的历史进程曲曲折折、雄浑激荡。虽然中华人民共和国的成立开辟了中国法律现代化的新纪元，使半殖民地半封建社会的法律转变为新民主主义和社会主义法律，虽然20世纪下半叶以来的改革开放使中国法律现代化进入新的历史时期，然而时至今日，中国法律现代化依然任重而道远。

首先，中国法律现代化受制于政治、经济、文化条件。具体地说，中国法律现代化以社会主义市场经济为经济条件、以社会主义民主政治为政治条件、以社会主义新文化为文化条件。虽然改革开放以来，我国的社会主义物质文明、精神文明和政治文明建设都取得了巨大成就，然而与法律现代化的要求还有一定距离。

其次，实现中国法律现代化，需要发挥政府的主导作用。中国法律迈向现代化的进程中，政府居于主导地位，起主导作用。政府为法律现代化创设条件，通过经济体制改革、政治体制改革和文化建设实现。政府对法律现代化进行总体设计，确立法律现代化的指导思想、总体目标、实施内容、方式和途径等问题。政府保障法律现代化的顺利进行，立法机关对于法律现代化举足轻重，执法机关和司法机关通过公正执法和公正司法，为法律现代化营造良好环境。

最后，推进中国法律现代化要求理性地看待所有法律文化，既不能简单地否定西方法律制度，也不能简单地否定中国法律文化传统，而是要采取“扬弃”的方式。尤其要正确认识和处理法律西方化与法律本土化的关系。中国法律现代化不可能在一个封闭的独立轨道上展开，必须在同西方法律文化的交流过程中，学习和借鉴西方法律中已有的符合现代社会发展规律的、合乎社会进步要求的内容。然而，中国法律现代化不等于法律西方化，因为中国有自己的国情，中国法律和西方法律是本质不同的法律体系。我们不能简单地照搬照抄西方法律，必须创造性地借鉴西方法律，实现法律的本土化。

第四章

法律的创制

法律创制又称为立法（下面统一使用“立法”），是创设法律规范以调整人的行为从而实现社会有序化的活动，它是法律运行的起点。法律创制不是立法者主观任意的活动，它受到立法体制、立法原则和立法程序的规制。通过创制法律，形成一系列法律规范，为构建法律关系提供依据。

第一节　立法的界定

从法律运行的角度看，立法是起点，是第一步。立法是人类一项亘古而常新的活动，早在奴隶社会时期就已经存在，随着历史的发展而在体制、内容、形式等方面表现出不同的特征。如果说在古代专制集权体制下的立法以君主意志为转移，君主“一言立法，一言废法”，那么在现代民主法治下的立法以人民意志为转移，由立法机关依照法定职权和程序进行。我们对立法知识的学习，从立法的界定开始，包括立法的含义、方式等内容。

一、立法的含义

立法有广义和狭义之分。在广义上，它是国家机关依照法定职权与程序认可、制定、修改和废止法律和规范性法律文件的一项专门性活动；在狭义上，它是国家立法机关依照法定职权与程序，认可、制定、修改和废止规范性法律文件的活动。①

从表层上看，立法是国家立法机关创制具有普遍约束力的社会规范的活动，这项活动具有如下特征：①国家性，即立法是国家立法机关以国家名义进行的活动；②法定性，即立法是国家立法机关依照法律规定的职权进行的活动；③程序性，立法是国家立法机关依照法律规定的程序进行的活动；④专业性和技术性，即立法是国家立法机关运用有关立法的知识、经验、方法、技巧和规则创制规范性法律文件的活动。

从实质上看，立法是掌握国家政权的社会集团，通过立法机关将其共同意志转化为国家意志的活动。在阶级社会里，掌握国家政权的社会集团是该社会的统治阶级，因而立法受制于立法者所代表的阶级的共同意志；在社会主义社会里，掌握政权的社会集团是人民，因而立法体现的是全体人民的共同意志。

---

①王健，王恒亮，郭凤丽．法律基础与教育研究[M]．北京：线装书局，2022：54–62.

二、立法的方式

立法有四种方式。一是法律制定，即具有立法权的国家机关依据宪法和法律所规定的权限和程序制定规范性法律文件的活动；二是法律认可，即国家立法机关承认社会上存在的某些行为规范，并许可其具有法律效力的立法活动；三是法律修改，即国家立法机关对现行法进行部分变更，包括删除、修改原有内容和补充新的内容；四是法律废止，即国家立法机关终止某些现行法律的效力的活动。

在立法的这些方式中，制定和认可是两种基本方式，它们是修改和废止的前提。而在制定和认可两种基本方式中，制定又具有更为重要的意义，在现代社会尤其如此。有学者认为，法律的认可并非严格意义的立法，因为它并没有创制新的社会规范，只是记载、认可社会上已形成的习惯规则。戴维·M.沃克（David M. Walker）在《牛津法律大辞典》中指出："由于古代的法律通常只是将被接受为习惯以成文法的形式表现出来，因此当时通过立法所规定的事情绝不是真正意义上的立法。"因此，是否产生新的具有普遍约束力的社会规范，就成为立法与行政决定、司法裁判的一个主要区别。这一点，在霍姆斯就"普伦蒂斯诉大西洋海岸线公司"（Prentis v. Atlantic Coast-Line Co.）案所提出的意见中得到了印证："一项司法调查对责任的审查、宣布和强制执行，乃是以当今或过去的事实为基础并根据被认为早已存在的法律而进行的，然而立法的一个重要特征却是，立法'期望未来，并通过制定一个新规则去改变现行状况，这个规则将在日后被适用于那些受其权力约束的所有或某些事物'。"

第二节　立法体制

一、立法体制概述

立法体制是由立法权限、立法权运行和立法权载体等方面的体系和制度构成的有机整体，其核心是有关立法权限的体系和制度。

立法体制具有多样性，依据不同的标准可以进行不同的划分：按照立法权行使是否为同一系统机关，分为单一制的立法体制和联邦制的立法体制；按照立法机关的设置和立法权的运行是否以民主原则为基础，分为专制型立法体制和民主型立法体制；按照中央和地方的立法权限划分，分为一级立法体制和多级立法体制；根据立法机关在行使立法权时是否有其他机关制约，分为独立型立法体制和制衡型立法体制；根据立法权限的集中程度，分为集权型立法体制和分权型立法体制。①

就中央和地方的立法权限划分而言，形成了三种模式。第一种模式是集权模式。这一模式又称为一元立法体制，是指一切立法权皆归中央所有，中央政权所制定的法律在全国有效，地方政权不能行使立法权。第二种模式是以集权为主、结合分权的模式。在这种模式下，立法权主要由中央行使，但在一定条件下和范围内，由中央将某些事务的立法权授予地方行使；国家的立法体系以中央立法为主、以地方立法为辅，而且地方立法要受制于中央。第三种模式是以分权为主、结合集权的模式。这种模式是指中央和地方共同行使立法权，地方拥有立法自主权，国家立法体系以地方立法为主，以中央立法为辅。

二、当代中国立法体制

当代中国的立法体制基本上属于集权为主结合分权的模式，形成了“一元、两级、多层次”的结构体系。所谓“一元”，是指全国人大及其常委会行使国家立法权。所谓“两级”，是指中央级（全国人大及其常委会、国务院及其各部委和直属机构）和地方级（地方人大及其常委会、地方人民政府）。所谓“多层次”，包括以下内容：全国人大修改宪法、监督宪法的实施，制定和修改刑事、民事、国家机构和其他基本法律；全国人大常委会解释宪法、监督宪法的实施，制定和修改除应当由全国人大制定的法律以外的其他法律；国务院根据宪法和法律制定行政法规；国务院各部、各委员会、中国人民银行、审计署和具有行政管理职能的直属机构在权限范围内制定本部门的行政规章；省、自治区、直辖市的人大及其常委会，根据本行政区域的具体情况和实际需要制定地方性法规；经济特区所在地的省、市的人大及其常委会，根据全国人大授权制定在经济特区范围内实施的法规；自治区、自治州、自治县的人大依照当地民族的政治、经济和文化的特点制定自治条例和单行条例；省、自治区、直辖市和较大市的人民政府制定地方规章；等等。

---

①戴永志. 行政法律基础理论与实务[M]. 北京：中国法制出版社，2022：65-69.

第三节　我国立法的基本原则与程序

一、我国立法的基本原则

立法原则是国家机关在制定法律的过程中应当坚持的标准或准则。在我国，立法原则分为基本原则和具体原则。我国立法的基本原则由全国人民代表大会于2000年3月制定、2023年修正的《中华人民共和国立法法》加以规定，由合宪原则、合法原则、民主原则和科学原则四个方面构成。①

（一）合宪原则

《中华人民共和国立法法》（以下简称立法法）第4条规定，立法应当符合宪法的规定、原则和精神，依照法定的权限和程序，从国家整体利益出发，维护社会主义法制的统一、尊严、权威。宪法是国家的根本大法，具有最高法律地位和法律效力，它是一切法律制定的基础和依据，国家立法机关制定法律的活动必须符合宪法的规定和原则精神，因此宪法第5条第3款明确规定："一切法律、行政法规和地方性法规都不得同宪法相抵触。"我国宪法对全国人民代表大会及其常务委员会的立法权及其行使、国务院制定行政法规和行政措施的权力及其行使等作出了规定，全国人民代表大会及其常务委员会在制定法律时、国务院在制定行政法规和行政措施时，都必须依据宪法的相关规定进行。

（二）合法原则

立法不仅必须符合宪法的规定和原则精神，而且必须符合规范立法行为的一般法律规定。例如，立法法对国家机关的立法职权、立法内容、立法程序、立法技术等方面作出了规定，国家机关在立法时必须遵从这些规定。立法坚持合法原则是维护法律权威和尊严、实现法制统一的基本条件。我国的立法体制是"一元、两级、多层次"的，只有各国家机关依据法律规定进行立法活动，才能保证它们制定的规范性法律文件具有统一性，使得各法律部门之间、各法律法规规

①李蔚．实用法律基础[M]．2版．双色版．镇江：江苏大学出版社，2022：64−81.

章条例之间、各法律规范之间协调一致。尤其值得注意的是，我国政府不仅有制定行政法规、行政规章的权力，而且担负着为立法机关提供法律草案的任务，例如，“在地方性立法的草案起草过程中，政府主导型起草最为常见，占法规总数的80%以上，而专家学者起草等方式的运用并不普遍”。由于政府具有“经济人”的特性和倾向，一旦它对不当利益追求势必导致“借法扩权”“借法逐利”的现象，则会既导致法律的内容失之偏颇，又影响法制的统一。因此，为防止这种现象的发生，要求所有国家机关在制定规范性法律文件时，必须从国家整体利益出发，避免部门保护主义和地方保护主义。

（三）民主原则

立法法第6条第2款规定：“立法应当体现人民的意志，发扬社会主义民主，坚持立法公开，保障人民通过多种途径参与立法活动。”当代中国法律的本质是工人阶级领导的全体人民共同意志的集中反映，这一本质要求在法律制定时坚持民主原则。只有坚持民主原则，才能保障法律反映和体现全体人民共同意志。坚持立法的基本原则，要求国家机关制定法律时做到以下三个方面：①以最大多数人的最大利益为出发点，立足全局、统筹兼顾、适当安排。法律制定不是体现和保障个别人、少数人或者个别组织、个别部门的意志和利益，也不能以政府的意志和利益排挤甚至取代大多数人的意志和利益；面对不同利益群体的不同利益需求甚至是相互矛盾的利益需求，以大多数人的最大利益为出发点进行选择、协调和平衡。②群众路线和专门机关工作相结合。法律制定要体现人民意志，就必须坚持群众路线，保障人民通过多种途径参与立法活动；同时，法律制定是一项技术性、专业性的活动，离不开专门机关的工作。群众路线与专门机关工作相结合，是民主集中原则在法律制定中的具体化。③公开透明，将法律制定的信息和资料、议事过程、时间、地点和事项公开，实现“阳光化”。

（四）科学原则

立法法第7条第1款规定：“立法应当从实际出发，适应经济社会发展和全面深化改革的要求，科学合理地规定公民、法人和其他组织的权利与义务、国家机关的权力与责任。”这一规定是对立法科学原则的表述。立法科学原则要求立法机关制定法律时从实际出发，实事求是，研究中国特色社会主义发展的客观规律

和要求，正确反映中国社会主义初级阶段政治、经济、文化的发展规律；善于总结立法的实践经验和教训，加强立法的预测和规划；注重收集和研究法律信息，在保持法的稳定性、连续性的同时及时进行立、改、废等工作，使立法及时、准确地反映社会关系的变化发展；“扬弃”发达国家的立法经验，顺应法律全球化的时代潮流，实现中国法律本土化和国际化的统一。

上述四项原则不仅是当代中国立法的基本原则，也是当今时代大多数国家立法遵循的原则。无数事实说明，如果离开了这些原则，制定的法律就不会是良好的法律，就难以在社会中得到有效施行。

二、我国立法的程序

立法程序是指国家机关认可、制定、修改和废止法律和规范性法律文件必须遵循的法定步骤。在大多数国家，立法程序由宪法或专门的法律明文规定。虽然由于国情不同，世界各国立法程序不尽相同，但从各国法律规定和立法实践看，立法基本步骤和主要环节基本相似，主要包括提出法律案、审议法律案、表决通过法律案、公布法律等四个环节。我国立法法规定的立法程序也是由这四个环节构成。

（一）提出法律案

提出法律案是指具有立法提案权的机关或人员，向立法机关提出认可、制定、修改或废止某项规范性法律文件的建议案的立法活动。它是立法的第一道程序，标志着立法的正式开始。法律案不同于议案，议案是各种议事提案的总称；法律案是议案的一种，它以法律的制定、修改或废止为内容。法律案不同于一般立法建议，它是由享有立法提案权的特定机关和个人提出的。法律案也不同于法律草案，它是立法主旨、立法原因、立法意义、法律草案多方面的统一。我国立法法第58条规定：“提出法律案，应当同时提出法律草案文本及其说明，并提供必要的参阅资料。修改法律的，还应当提交修改前后的对照文本。法律草案的说明应当包括制定或者修改法律的必要性、可行性和主要内容……”

能否提出法律议案的前提和关键在于是否享有立法提案权。依据宪法和立法法规定，我国享有立法提案权的特定机关和个人是：①全国人民代表大会及其常务委员会的组成人员。一个代表团或者30名以上的代表联名，可以向全国人民代表大会提出法律案；常务委员会组成人员10人以上联名，可以向常务委员会提出法律案。②全国人民代表大会组织机构。全国人民代表大会主席团、全国人民代表大会常务委员会可以向全国人民代表大会提出法律案；委员长会议可以向常务委员会提出法律案；全国人民代表大会各专门委员会可以向全国人民代表大会及其常务委员会提出法律案。③国务院、中央军事委员会、最高人民法院、最高人民检察院可以向全国人民代表大会及其常务委员会提出法律案。

（二）审议法律案

审议法律案是指立法机关运用审议权对法律案进行审查和讨论，以决定其是否列入议事日程、是否需要修改以及怎样修改的专门活动。

审议的内容包括以下五个方面：一是立法动机是否正确合理，立法时机是否恰当；二是立法精神是否科学、合理，法律案所附法律草案的条文是否以宪法为依据，是否符合宪法的规定；三是权益调整是否立足全局、统筹兼顾，法律案所附法律草案的各项规定是否切实可行，具有可操作性；四是法律案所附草案各法律规范之间及本草案与其他法律之间是否协调一致；五是立法技术是否完善，概念是否准确，结构是否合理，文字是否清晰、合乎语法和逻辑。审议法律案是保障法律质量的重要环节。

为了保障审议时能充分发表意见，现代国家大多规定了审议人员在审议时享有言论免责权。也就是说，审议人员在发言、辩论、动议、口头或书面质询以及发表演说、起草报告和文件时，享有不受法律追究的权利。

作为一项制度，言论免责权最早形成于英国，早期英国议会的雏形是盎格鲁·撒克逊时代的贤人会议。贤人会议由宗教贵族和世俗贵族组成，人数在一百人左右，此时的贤人会议是英王的一个辅助机构，具有咨询、司法等多种职能。爱德华一世时期，大议会的组成发生了变化，其中出现了少量平民代表，大议会随之发展为一个一院制的议会。由于贵族代表天生的优越感使其不愿与平民代表同室开会，于是贵族代表们自成一组、骑士代表和平民代表则另成一组，两组单独开会，从而形成了上下两院的划分，由一院制议会演变为两院制议会。下院形成后逐步地扩大自己的权力，他们要求能够独立处理事务。下院的要求与国王特权之间产生了紧张和对峙。1397年，下院议员托马斯由于在下院中提出削减王室开支的议案，被提出刑事指控并被判犯有叛国罪，但该判决在理查德二世当政期

间没有执行。亨利四世继位后，托马斯向国王请愿，以原判决“违反了先前早已由议会确立的法律和制度”为由，请求国王推翻对他的有罪判决，下院也以自己的名义请求国王推翻该判决。在此背景下，托马斯的有罪判决最终被取消。在此次冲突中，出现了在议会中发言不受其他机关追究的免责权的主张，但此时言论免责权是不稳固的。1512年，来自德文郡（Devonshire）自治市的下院议员理查德·斯托德，由于在下院中提议要对当地的锡矿业进行管制而被其竞争对手向锡矿区法院起诉，被判处160英镑的罚金。由于他未缴纳罚金，因此入狱三周。在下一届议会开会时，议会受理了理查德·斯托德提出的申诉，撤销了对其作出的有罪判决，并宣称所有对议会成员在议会中的提案、发言或辩论进行追究的行为都是“完全无效和不能执行的”。在光荣革命后，资产阶级取得对国王的胜利的情况下，议会于1689年通过了《权利法案》，最终以法律的形式确立了议会的言论免责权。该法案第9条规定：“议会内之演说自由、辩论或议事之自由，不应在议会以外之任何法院或任何地方受到弹劾或讯问。”

自英国最终确立民意代表言论免责权后，其他国家纷纷将其引入本国制度中，民意代表享有言论免责权成了一种世界性的宪法现象。我国也不例外。我国宪法第75条规定：“全国人民代表大会代表在全国人民代表大会各种会议上的发言和表决，不受法律追究。”这就意味着：全国人大代表在全国人民代表大会各种会议，包括大会全体会议、代表团全体会议、代表团小组会议上的发言和表决不受法律追究。同时，全国人大代表在列席原选举单位的人民代表大会各种会议上的发言，不受法律追究。此外，地方各级人大代表在本地方人民代表大会会议上的发言和表决，不受法律追究。言论免责权意在充分保护人大代表的言论自由，真正有利于利国利民的好决策的形成。

一般而言，法律案都必须经过立法机关全体会议的讨论，但是在具体运作方面立法机关的领导机构、专门委员会、全体会议都享有法案审议权，它们在审议法律案时相互配合，法律案审议的结果包括提付表决、修改后提付表决、搁置、终止审议（否定）四种。依据我国立法法的规定，全国人民代表大会及其常务委员会对法律案的审议沿着以下路径进行：①向全国人民代表大会或常务委员会提出的法律案，由主席团或委员长会议决定是否列入全国人民代表大会或常务委员会会议议程，或者先交由有关的专门委员会审议、提出报告，再决定是否列入。②法律案列入全国人民代表大会会议或者常委会会议议程后，首先在全国人大全体会议或者常委会全体会议上听取提案人对法律草案的说明，然后由各代表团或者常委会分组会议进行审议。③由有关的专门委员会进行审议，提出审议意见。④由宪法和法律委员会根据各方面的意见进行统一审议，提出法律草案修改稿和审议结果的报告。随后再审议，如果分歧意见不大，由全国人大主席团或常委会委员长会议决定提请全国人大或全国人大常委会全体会议表决；如果仍有重大分歧意见，可以暂不付表决。

（三）表决和通过法律案

表决和通过法律案，是指立法机关对法律草案表示正式同意、使其成为法律的步骤，它是全部立法程序中最具决定意义的阶段。表决法律案，必须采取一定的方式，“世界各国的表决方式五花八门，有呼喊表决、举手表决、起立表决、分组列队表决、点名表决、投票表决、掷球或做记号表决、使用投票器表决、鼓掌欢呼表决，等等”。这些方式归纳起来有两大类：一类是公开方式，如鼓掌表决、举手表决；另一类是秘密方式，如无记名投票、电子表决器等。现代各国逐渐采用电子表决器的方式。

随着时代的变迁，我国在表决和投票方式的制度设计和实现手段方面，也在不断地走向完善。以前多采用无记名投票方式或者采用举手表决方式，表决结果由会议主持人当场宣布。后来，为在表决中尊重代表的意愿，实现真正的无记名，在1990年第七届全国人大三次会议上，人民大会堂正式启用无记名电子表决系统：赞成——绿色；反对——红色；弃权——黄色。此举获得了人们的赞扬和欢呼，认为“从举手表决到电子表决，虽然只是具体操作上的一种改进，带来的却是人大职能的到位和监督力度的加强，正所谓‘科技引入一小步，民主前进一大步’”。

现代各国通过法律案的一般原则是少数服从多数，也就是说，法律案只有获得法定多数表决者的赞同才能通过成为法律。我国法律案通过的法定“多”数，就普通法律而言，是全国人民代表大会或其常务委员会全体成员的过半数；就宪法案而言，是全国人民代表大会全体代表的三分之二，而不是出席会议的成员的过半数或三分之二。宪法第64条规定：“宪法的修改，由全国人民代表大会常务委员会或者五分之一以上的全国人民代表大会代表提议，并由全国人民代表大会以全体代表的三分之二以上的多数通过。法律和其他议案由全国人民代表大会以

全体代表的过半数通过。”一般而言，全国人民代表大会审议的法律案是在全国人民代表大会常委会反复审议、修改的基础上提请大会审议的，所以一般经一次会议审议后即可交付表决，由全体代表的过半数通过；全国人大常委会审议的法律案，一般要经过三次会议审议后，才能交付表决，由常委会全体组成人员的过半数通过。

（四）公布法律

公布法律是指立法机关或国家元首将获得通过的法律以法定形式向社会和公众发布，以便全社会遵照执行。它是立法的最后一道程序，也是法律生效的关键步骤。公布法律的权力在不同的国家由不同的主体行使，大多数国家由国家元首公布法律，有些国家由立法机关的领导机构公布法律。至于法律公布方式，在各国大体一致，即在法律制定机关的刊物或指定的其他刊物上公布。大多数国家都有公布法律的专门出版物。

我国宪法和立法法对法律公布的权力和方式作出了明确具体的规定。宪法第80条规定：“中华人民共和国主席根据全国人民代表大会的决定和全国人民代表大会常务委员会的决定，公布法律……”立法法第62条规定：“签署公布法律的主席令载明该法律的制定机关、通过和施行日期。法律签署公布后，法律文本以及法律草案的说明、审判结果报告等，应当及时在全国人民代表大会常务委员会公报和中国人大网以及在全国范围内发行的报纸上刊载。在常务委员会公报上刊登的法律文本为标准文本。”

总之，立法是一项复杂的系统工程，要制定好的法律，不仅要坚持立法的基本原则，遵从立法的基本程序，而且必须注意法律文本本身的语言和逻辑，甚至是一个标点符号。例如，2004年我国修改宪法时对于一个逗号的删改，都进行了认真的讨论，并作出了具体的说明。

第四节　规范性法律文件系统化

国家机关制定的文件有法律文件和非法律文件之分，法律文件又包括规范性法律文件和非规范性法律文件。我国“一元、两级、多层次”的立法体制使得规范性法律文件数量众多、体系复杂，因而对这些规范性法律文件进行系统化，也就是说，对已经制定出的规范性法律文件进行系统的分类整理，具有极为重要的意义，不仅有利于实现法制统一，也有利于法律的完善和实施。那么，如何进行规范性法律文件系统化呢？这就需要运用法律清理、法律汇编、法律编纂三种方法，这三种方法之间是密切联系的，法律清理是法律汇编和法律编纂的前提和基础；法律清理和法律汇编是法律编纂的重要条件和阶段；而法律编纂则是为以后的法律清理和法律汇编提供新的对象和条件。①

一、法律清理

法律清理，即有立法权的国家机关对一定时期和范围内的规范性法律文件予以审查、整理，重新确认其法律效力的活动，它对法的内容不进行任何的变动（修改、补充），但是清理的结果，包括命令废止、责成修改、默示或明示其延长法律效力，由立法机关确认并公布后具有法律效力。

二、法律汇编

法律汇编，即国家或者其他组织将有关规范性法律文件按照一定标准予以系统整理，使其排列成册。法律汇编只是对法律做外部整理，不改变法律内容，是一项技术性工作，不是一项立法活动。法律汇编既可以按照制定的时间顺序进行汇编，也可以按照不同的法律部门进行汇编，还可以将二者结合起来进行汇编。

三、法律编纂

法律编纂，即国家立法机关将属于某一法律部门的所有现行规范性法律文件进行整理加工、补充、修改，创制新的规范，修改不适合的规范，废除过时的规范，从而编制成内容和谐一致、体例完整合理的系统化的新法律或法典，它是国家立法机关的专门活动，是一项制定新法的活动。

①赵威，魏丹，徐西鹏. 法律基础[M]. 北京：清华大学出版社，2021：54-59.

第五章

法律的施行

法律的生命力在于它在社会生活中得以施行，如果法律创制出来后被束之高阁，那么法律创制就没有任何意义。法律施行是法律在社会现实生活中的具体运用和实现，是法律从纸面规定转化为现实生活的过程。法律施行对于法治来说十分重要，它是法律作为社会调控手段的关键环节，是实现法律功能的必要条件，是构建社会秩序的根本保障。如果说立法是法治的前提和基础，那么法律施行就是法治的关键和核心。法律施行是一个由行政机关执法、司法机关司法、所有社会主体守法并进行法律监督等方面构成的系统工程。本章将介绍这一系统工程的基本内容。

第一节 执法、司法、守法

一、执法

（一）执法及其体系

法律不会自行在社会生活中发挥作用，法律的一个基本特征是它以国家强制力为施行的根本保障。因此，国家机关在法律施行中居于极为重要的地位，保障法律施行是国家机关及其公职人员的一项重要职能，所有国家机关及其公职人员都必须依照法律规定的职权和程序施行法律。[①]

1.执法的概念

执法即行政执法，是指国家行政机关和法律委托的组织及其公职人员依照法定职权和程序行使行政权、执行和落实法律的活动，它是法律实施的重要组成部分。作为法律施行环节的执法，不是指所有国家机关及其公职人员的活动，而是指国家行政机关及其公职人员的法律实施活动。宪法第85条规定："中华人民共和国国务院，即中央人民政府，是最高国家权力机关的执行机关，是最高国家行政机关"；第105条规定"地方各级人民政府是地方各级国家权力机关的执行机关，是地方各级国家行政机关"。国家权力机关制定的法律文件，主要是通过国家行政机关的日常职务活动来贯彻执行的。执法使大多数法律在社会生活领域发挥作用，从而为国家各项事务依法进行、有序运作提供保障。

2.执法的分类

执法的范围极为广泛，按照不同的标准，可以对执法进行不同的划分。

第一，以行政机关的执法是否主动进行为标准，可分为依职权执法和依申

①黄玉敏．法学基础理论与应用[M]．2版．北京：高等教育出版社，2022：78-91.

请执法。依职权执法是指行政机关可以不依相对一方申请、依照法定职权主动进行的行政执法行为，如税务机关收税、质监部门进行产品质量检查等。依申请执法是指行政机关只有在相对一方提出申请之后才能实施的行政执法行为，如颁发驾驶执照，进行结婚登记、专利登记等行为。区分依职权执法和依申请执法的意义在于，不依法定职权主动执法将构成行政失职；而对依申请的执法，只要当事人不提出申请，行政机关并无责任，只有在当事人提出申请、行政机关不予答复时，才构成不履行或拖延履行法定职责的责任。

第二，以执法受法律规范拘束为标准，可分为羁束性行政执法和自由裁量性执法。羁束性行政执法是法律法规对需执行的事项有明确、具体的规定，执法者必须严格按照法律法规的规定执行，排除主观选择、不能自由处置的执法行为；自由裁量性行政执法是执法者可在范围、方式、数额等方面有一定的选择余地的执法行为。羁束与自由裁量是相对的，如征收个人所得税的条件与税额一般都没有伸缩余地，治安管理处罚却有一定的幅度，可供行政机关自由裁量。需要注意的是，行政执法在多数情况下都属于自由裁量。但自由裁量也必须根据法律法规的授权和在法定的幅度以内进行，否则就可能导致滥用行政执法权。区分羁束和自由裁量的意义，在于区分行政执法行为的违法与不当。也就是说，当事人对羁束执法行为不服，属于行政执法是否违法的问题，可以依法向法院提起诉讼；当事人对自由裁量执法行为不服，则属于行政执法是否“适当”（或是否显失公正）的问题，除行政处罚外，一般不属于行政诉讼解决的问题。

第三，以行政职权的来源为标准，可以分为授权执法和委托执法。授权执法是指法律、法规将某项或某一方面的行政职权的一部分或全部，通过法定方式授予某个组织执行的法律行为。这一概念的内涵包括以下三点：一是行政授权执法只能由法律、法规（包括行政法规和地方性法规）授予，规章和规范性文件不具备授权的资格；二是授权执法必须以法定方式进行，必须在法律、法规中明文规定；三是被授权的组织必须具有执行行政职权的能力，具有管理公共事务的职能，否则不能成为被授权的组织。根据有关法律法规规定，被授权的组织必须依法成立，具有相应的机构、人员、经费，具有管理事务的职能，能以自己的名义实施执法权并对自己的行为承担相应的法律后果。

委托执法是指行政执法主体将其执法职权的一部分依法委托给其他组织或个人来执行的法律行为。这一概念包括以下四层含义：一是委托机关必须是具有行政执法主体资格的行政主体；二是委托内容是行政执法职权的一部分而非全部职权；三是委托必须依法定依据、按法定程序进行；四是受委托组织必须是符合法定条件的组织。

3.执法的特征

执法与立法、司法一样，在性质上属于国家机关的法律活动，不是以个人名义进行的，而是以整个国家名义进行的，因而具有国家意志性。然而，执法与立法、司法存在诸多区别，具有自己的特征。

（1）法定性

一方面，执法是宪法授予行政机关的一种法定职权和职责；非经法律授权或有权部门委托，任何组织和个人都不得行使执法权。另一方面，执法权不是一种任意性权力，而是一种法定权力。宪法和行政法为行政主体规定了执法权及其行使的原则、方式和程序，行政主体依照法律规定行使执法权。当然，由于大量的行政事务无法在法律上明确具体地加以规定，从而给行政主体行使执法权留下了自由裁量的空间。

（2）主动性

在通常情况下，执法是行政机关的法定职责和义务，行政机关必须主动地、积极地依照法律规定行使职权和履行职责，无须行政相对人的意思表示。

（3）单方意志性

大量的执法行为由执法主体自行决定和直接实施，不需要征得相对人的同意。例如，国家行政机关依法对市场进行监督检查，依法命令行政相对人遵守环境保护法规、遵守交通规则、依法纳税、依法服兵役，等等。当然，不是所有执法行为都具有单方意志性，部分执法行为如行政复议、行政仲裁、行政调解、行政裁决、行政指导等不具有单方意志性。

（4）执行性

如果说立法权是国家立法机关制定法律、表达人民意志的权力，那么行政权就是国家行政机关执行法律、执行人民意志的权力。行政机关运用行政权执行法律，执行性是执法最显著、最直接、最原初的特征。

（5）广泛性

执法是以国家名义对社会实行全方位的组织和管理，它涉及一个国家和社会的方方面面，包括政治、经济、外交、国防、财政、文化、教育、卫生、体育、科技、工业、农业、商业、交通、金融、治安、社会福利等方面，内容十分广泛。特别是在现代，社会事务更加复杂，行政管理的范围更为广泛，执法的范围日益扩大，执法对社会生活的影响也越来越深刻。执法范围的广泛性，表明了执法具有管理社会、服务社会的功能，彰显管理性、服务性等特征。

（二）当代中国的执法体系

执法是任何国家都存在的法律现象，但是，由于国家不同、时代不同，社会事务的复杂程度不同，执法体系也存在着区别。在现代社会，行政事务纷繁复杂，法律规范多种多样，各国依据本国国情建立了由不同执法主体执行法律的分工配合的执法体系。在我国，执法体系主要有三个部分构成。

1.政府的执法

政府的执法是我国执法体系中最重要的执法，包括中央人民政府的执法和地方各级人民政府的执法。中央人民政府执法的范围遍及全国，其内容主要是宏观方面的执法，即制定行政法规、规范行政行为。地方人民政府的执法既包括执行国家宪法、法律、行政法规，也包括执行地方性法规，其权力局限在本行政区域内。民族区域自治地方的人民政府除行使宪法和法律规定的执法权之外，同时依据宪法、民族区域自治法和其他有关法律的规定行使自治权，根据本地方实际情况执行国家法律。

2.政府工作部门（职能部门）的执法

政府工作部门是各级人民政府的下属机构，包括国务院各部委和地方各级人民政府的下属机构。根据法律规定，我国有权执法的政府工作部门主要有工商、公安、税收、物价、环境保护、食品卫生、技术监督、土地管理、地质地矿、电力、城建、林业、农业、渔业、水利、交通、铁路、民航、海关、金融、计量、统计、审计、外汇管理、烟草专管、劳动、人事、教育、科技、文化、新闻出版、广播电影电视、卫生、计划生育等。随着我国社会管理模式的转变和法治政府建设的推进，政府工作部门主要通过执法来进行行政管理。

3.法律授权或行政委托的社会组织的执法

法律授权的社会组织执法，包括一般社会组织和社会团体（如律师协会、体育协会、消费者协会、红十字会等）的执法、企事业组织（如烟草公司、电力公司等）的执法、基层群众自治组织（如居民委员会、村民委员会等）的执法、仲裁组织和裁决组织的执法、技术检验和鉴定机构的执法、民间治安保卫组织的执法。行政委托的社会组织执法，是指企事业组织、基层群众自治组织等受行政主管部门委托执行有关法律，如代民政部门发放救灾救济物资、代税务部门收税、代统计部门办理统计事项等。

（三）执法的基本原则

“行政权力在国家各种权力中乃是最活跃、最经常、最普遍、最直接运用的权力，与公民、法人和其他组织（包括各种经济组织）具有最密切的联系，因此，最容易发生行政侵权问题。”行政执法作为国家行政权行使的方式，不能是天马行空的。为了防止发生行政侵权问题，行政执法主体在执法活动中应该遵循一定的原则，其中有四条最为基本，即合法性原则、合理性原则、效率原则和应急性原则。

1.合法性原则

合法性原则也就是依法行政原则，它是现代法治国家对执法的基本要求，也是法治政府的基本标志。这一原则是指行政权的存在、行使必须依据法律，符合法律规定，不得与法律规定相抵触。具体包括三个方面的内容，一是行政职权必须基于法律的授权才能存在。也就是说，执法主体要合法。没有被授予行政职权的组织不是合法的执法主体，超越授权去执法的组织也不是合法的执法主体。二是行政职权必须依法行使。也就是说，执法主体必须在法律规定的职权范围内行使。三是行政授权、行政委托必须有法律依据，符合法律要旨。

2.合理性原则

这一原则是为避免行政自由裁量权的滥用而确立的。行政执法是一项范围广泛、内容复杂的活动，因此，法律不可能对任何方面都作出具体的规定，在许多领域只能规定基本原则、基本规则，给行政机关留有较大的自由裁量权。但是自由裁量权也不能滥用，必须坚持合理性原则。也就是说，执法主体的执法活动必须符合法律的基本精神和目的，必须做到适当、合理、公正，具有客观、充分的事实根据和法律依据，与社会生活常理相一致，必须平等对待行政相对人，公平、公正，不偏私、不歧视，所采取的措施和手段应当是必要的、适当的，避免采用损害当事人权益的方式，对于不适当、不合理等显失公平的执法行为应当依法及时予以纠正或宣布无效并予以取消。

3.效率原则

这一原则是指行政机关在执法时，以尽可能快的时间、尽可能少的人员、尽可能低的经济耗费，取得尽可能大的执法效益。与国家立法、司法相比，执法更强调效率，要求执法主体从保护公民权利和国家利益出发对行政相对人的各项请求及时做出反应，对各种行政事务及时通过执法做出反应。从执法整体上而言，要坚持效率原则，就要求做到三个方面：一是执法时，严格遵循行政程序和时限规定；二是有精干的行政机构组织；三是加强执法的成本与效益分析。行政机关在执法时应该尊重科学，考虑客观规律，使执法行为具有最大的合理性，尽可能给国家、社会、公民带来益处，尽可能避免或减少对国家利益、社会利益和公民利益的损害。

4.应急性原则

这一原则是指在某些特殊紧急情况下，如在发生自然灾害、战争、恐怖主义活动时，出于国家安全、社会秩序或公共利益的需要，执法机关可以采取没有法律依据的或与法律相抵触的措施，它是合法性原则的例外。但应急性原则并非排斥任何法律控制，一般而言，行政应急权力的行使应符合四个条件：一是存在明确无误的紧急危险或危害；二是非法定机关不得行使应急权力，否则无效，除非事后经有权机关作出特别决定予以追认；三是行政机关作出应急行为应接受有权机关的监督，尤其是权力机关的监督；四是应急性权力的行使应当适当，应将负面损害控制在最小范围内。

二、司法

司法是一项重要的法律活动，是现代社会法律运行中极为重要的环节，对实现立法目的、发挥法律的功能具有极为重要的意义。培根在《论司法》中写道："为法官者应当在法律的范围内以公平为念而勿忘慈悲，应当以严厉的眼光对事，而以悲悯的眼光对人……律法所在之处乃是一种神圣的地方；因此不但是法官的座席，就连那立足的台、听证的围栏都应当全无丑事贪污的嫌疑才好……为法官者要记住罗马的十二铜表的结语：'人民的幸福即是最高的法律。'"那么，什么是司法？它有什么样的特征？其根本价值是什么？这是我们下面要研学的问题。

（一）司法的概念与特征

司法的概念古已有之，其含义和功能随着历史变迁而不断发展。自近代以来，司法成为司法机关运用法律处理案件的专门活动，兼具解决社会纠纷、打击违法犯罪、进行权利救济、维护社会秩序等功能，被人们称为社会矛盾的"调节器"、社会稳定的"安全阀"。为了保障司法功能的发挥，各国建立了司法机关，构建了司法体制。所谓司法体制，是指国家设置司法机关、法律授权给专门组织以及这些组织之间的职权划分和相互关系。目前，世界通行的司法活动是法院的审判活动，司法权即审判权，检察权属于行政权，检察机关属于行政系统。我国的司法体制具有特殊性，不仅将司法权分为检察权和审判权，分别由人民检察院和人民法院行使，而且人民检察院行使检察权、人民法院行使审判权都要受到国家权力机关的监督，法官审判案件要受到法院内部运行机制以及来自法律监督机关的监督。

司法与执法都是法律运行不可缺少的环节，是实现法律不可缺少的方式，但这是两种具有不同性质、内容和功能的活动。司法以其独有的特征与执法区别开来，这些特征主要有以下五个方面。

1.被动性

司法权的行使从来就不是主动地介入人们之间的纠纷，只有在纠纷业已存在并有当事人愿意将纠纷通过司法途径解决的情况下，司法权在现实中才开始运作。这也就是人们通常说的"不告不理"。

2.中立性

为确保司法正义，司法运作时不偏向争讼中的任何一方，以中立的立场平等地对待双方当事人的权利请求和抗辩主张。

3.程序性

司法遵循严格的程序规则进行运作以达到实体正义的目标，这些程序在民事诉讼法、行政诉讼法和刑事诉讼法等法律中作出了规定。需要注意的是，对于法律规定的程序，不能偷工减料，也不能画蛇添足。

4.权威性

司法权是宪法授予司法机关的国家权力，司法机关以国家名义进行司法活动，因而在权力设定上保障了其权威性。此外，司法的公正性、公平性、公开性也为当事人服从司法裁判，从而使司法裁判获得权威性提供重要保障。

5.强制性

司法的强制性与权威性是相辅相成的，为了保障司法的权威，必须强调司法的强制性，司法以国家强制力为后盾保障其裁判结果得到执行。司法机关适用法律规范作出的裁决，非经法定机关和程序，任何机关、组织和个人不得修改或拒绝执行，否则，将承担不利后果。许多国家设置了藐视法庭罪，如果拒不执行法院判决，便以藐视法庭罪追究其责任。

（二）司法的根本价值

公正是司法的灵魂，是司法的根本价值，是司法的总原则。虽然人们对司法公正有不同的界定，但都认为它包括实体公正和程序公正两个方面。实体公正又称结果公正、实质公正，是指司法机关在适用法律时以事实为依据、以法律为准绳，从而使得当事人的权益得到切实保障、使违法行为受到应有惩罚；程序公正是指司法机关侦查、检察、审理和裁决案件的过程的合法性、公开性、平等性、中立性。结果公正和程序公正相辅相成，程序公正是实体公正的前提和保障，实体公正是程序公正的目的和结果。

在现代社会，国际社会不仅普遍强调实体公正，而且普遍重视程序公正。我国政府于1998年10月签署加入的《公民权利和政治权利国际公约》第14条规定：所有的人在法庭和裁判所前一律平等；在判定对任何人提出的任何刑事指控或确定他在一件诉讼案中的权利和义务时，人人有资格由一个依法设立的合格的、独立的和无偏倚的法庭进行公正的和公开的审讯；在判定对他提出的任何刑事指控时，人人完全平等地有资格享受“出席受审并亲自替自己辩护或经由他自己所选择的法律援助进行辩护”“不被强迫作不利于他自己的证言或强迫承认犯罪”等最低限度的保证；凡被判定有罪者，应有权由一个较高级法庭对其定罪及刑罚依法进行复审。

司法公正是社会正义的根本要求和集中体现；司法公正特别是审判公正，是实现社会公正的最后的、也是最重要的一道关口。培根曾经告诫世人：“一次不公的裁判，比多次不平的举动为祸尤烈。因为这些不平的举动不过是弄脏了水流，而不公的裁判则把水源败坏了。”审判不公，就会失去民众对法律的信仰，就会动摇法治的根基，如同伯尔曼所说的：“法律必须被信仰，否则形同虚设。”为了保障司法公正，我国不仅在宪法中对人民法院和人民检察院的职权职责作出了规定，而且制定了人民法院组织法、人民检察院组织法、法官法、检察官法、民事诉讼法、刑事诉讼法和行政诉讼法等法律对司法机关的组织和活动原则、对司法的原则和程序等作出了具体规定。

（三）司法的基本原则

司法不是司法人员的任意妄为，不是司法的天马行空，根据宪法和法律规定，司法机关必须按照准确、合法、及时的基本要求适用法律，在司法过程中必须坚持四项基本原则，即司法法治、司法独立、司法责任、司法平等。

1.司法法治原则

这一原则是指司法机关在办案时要在查清事实的基础上正确适用法律，以保证司法准确、公正，防止冤假错案的发生，具体包括两个方面的内容。

一方面，以事实为依据。司法机关在办案时，要在查清事实的基础上，结合事实，正确适用法律。这里有两个问题：一是查清事实，二是结合事实正确适用法律。司法机关审理一切案件，只能以与案件有关的事实作为依据而不能主观臆断。这里的“事实”，包括被合法证据证明了的事实和依法推定的事实。前一种事实属于客观事实。后一种事实是在案件客观事实真相无法查明的情况下，依照法律中有关举证责任和法律原则推定的事实。尽管这种事实可能与客观事实有所不同，但在法律上能够引起同样的效果。

另一方面，以法律为准绳。在查清事实后，或者说在现有的证据能够证明的事实基础上，就要正确适用法律，依据法律的有关规定，确定案件性质，区分合法与违法、一般违法和犯罪等，并根据案件的性质，作出恰当正确的裁决。在司法工作中贯彻法治原则，要求坚持实事求是、从实际出发的思想路线，重证据，不轻信口供；坚持维护法律的权威和尊严，严格遵守实体法和程序法的规定；正确处理依法办事与坚持党的政策指导的关系：既不将两者对立起来，也不以政策代替法律。

总之，在司法活动中，证明事实是关键，正确适用法律是结果，二者不可偏废。

2.司法独立原则

“司法独立”是现代西方社会普遍采用的一项分权制度。中国最早的大法官皋陶曾对大禹说过一句话：“天叙有典，敕我五典五惇哉！”这句话的意思是，法律与法官的司法权来自上天的赋予，而不是来自世俗的权力王所授予。这便是司法独立的法理渊源，从这里衍生出独立于世俗权力王的司法权威。

在当今中国，司法独立具有充分的法律依据。宪法第131条规定：“人民法院依照法律规定独立行使审判权，不受行政机关、社会团体和个人的干涉”；第136条规定：“人民检察院依照法律规定独立行使检察权，不受行政机关、社会团体和个人的干涉”。

依据这些规定，司法独立原则有三层含义。其一，司法权行使的合法性。司法机关审理案件必须严格依照法律规定进行，必须正确应用法律处理案件。其二，司法权行使的专属性。司法权只能由司法机关及司法人员行使，其他任何国家机关、社会组织和个人都不能行使此项权力。其三，司法权行使的独立性。司法机关依法独立行使司法权，只服从法律，不受行政机关、社会团体和个人的干涉。

司法独立具有非常重要的意义，正如有的法学家所指出的：“在法官作出判决的瞬间，被别的观点，或者被任何形式的外部权势或压力控制或影响，法官就不复存在了——法院必须摆脱胁迫，不受任何控制和影响，否则他们便不再是法院了。”司法权必须接受党的领导和监督，必须接受国家权力机关的监督，必须接受司法机关上下级之间的监督和社会组织、人民、舆论的监督。这是因为，如果没有一定的监督，司法公正也未必能够实现，甚至还可能出现大量法官滥用权力的现象。

3.司法责任原则

司法机关和司法人员在误判、错判时，应当实事求是、有错必纠、承担相应的责任。这一原则是实事求是、从实际出发的思想路线在司法工作中的具体体现，也是保障公民合法权益、维护法制统一和尊严、实现社会和谐的重要原则。

司法机关在司法中坚持司法责任原则，有三项基本要求。一是坚持实事求是的原则，对每一案件要做具体分析，根据案件实际情况作出判决。二是认真对待当事人的申诉，不得拖延和敷衍，更不能扣压不查，一旦确认为错案，不论是什么人处理的，也不论是什么时间处理的，都应予以及时纠正；对申诉无理的，要耐心进行说服教育。三是建立有效的错案责任追究制度和运行机制，最大限度地减少错案的发生，并为合法权利受到损害的当事人提供最充分的救济。

4.司法平等原则

司法平等即公民在适用法律上一律平等，它是宪法平等原则对司法的要求，也是宪法平等原则在司法中的体现。司法机关在办理案件时，不受民族、种族、性别、职业、社会出身、宗教信仰、教育程度、财产状况、居住期限等因素的影响，对一切公民的合法权益都应依法给予保护，对一切公民的违法犯罪行为都应予以追究。

在司法中坚持司法平等原则，要求对任何公民适用法律规范时都坚持平等原则，决不能因人而异；对任何公民的权利都依法平等地保护，任何公民都要平等地承担义务；对任何公民的违法犯罪行为，都要依法追究法律责任，给予应有的制裁，不允许有任何特权。

三、守法

守法是法律运行的关键环节，这个环节如果缺失，那么法律的目的也就会落空。我国宪法第5条规定，“中华人民共和国实行依法治国，建设社会主义法治国家。国家维护社会主义法制的统一和尊严。……一切国家机关和武装力量、各政党和各社会团体、各企业事业组织都必须遵守宪法和法律。一切违反宪法和法律的行为，必须予以追究。任何组织或者个人都不得有超越宪法和法律的特权。”要守法，是尽人皆知的事情。然而，什么是守法，为什么要守法，如何守法，这些问题则需要从理论上进行探讨和说明。由于守法是法律行为的一个组成部分，我们先对法律行为进行阐释。

（一）法律行为及其特征

法律行为是作为法律主体的公民、法人、机构及国家所实施的以权利和义务为内容的具有法律意义的行为，由行为主体、行为客体和行为内容等要素构成。法律行为主体是指法律行为的具体实施者，例如，实施宪法行为的国家和公民，实施民法行为的公民、法人和其他组织，实施行政行为的行政机关及其工作人员等。法律行为的客体是指法律行为指向的对象。例如，民法中的与物权有关的行为的指向对象是“物”，与人身权有关的行为的指向对象是“人身”，与知识产权相关的行为的指向对象是“精神产品”，等等。法律行为的内容是法律行为中的权利与义务。例如，合同行为中双方当事人的权利与义务，侵权行为中侵权人与被侵权人的权利与义务等。

法律行为具有以下四个特征。

1.社会性

法律行为的社会性，首先表现为社会交往性。大部分的双向法律行为，是双方当事人在社会交往中共同协商、共同确定的结果，行为中体现着双方当事人的各自意思。其次表现为社会合作性。一些特定的法律行为是无法依靠某个单独的行为主体来实施的，人与人之间、社会组织与社会组织之间的合作、协助是必不可少的。

2.法律性

法律行为的法律性具有三层含义：一是具有法律意义。与法律行为对应的是“非法律行为”，如削铅笔、哄小孩睡觉等，这些行为不具有法律意义，无须国家运用法律加以调整。二是发生法律效果，能引起法律关系的产生、变更和消灭。三是可以运用法律进行评价，其评价的结果形成对某一行为是合法行为还是违法行为的判断。

3.可控性

法律规范通过“假定条件—行为模式—法律后果”模式使行为主体能对自己行为的法律后果进行准确的预测和判断，进而对行为主体进行引导和调控。即使行为主体违背法律的禁止性规定而实施某种违法行为，法律规范也能通过制裁和惩罚机制来对违法的法律行为进行调整。

4.意志性

在法律行为中，包含着主体的某种价值追求、价值认同，是内在意志的外在表现。例如，民事法律行为体现了双方行为主体希望设立、变更、终止双方民事权利和义务关系的意思，犯罪行为体现为犯罪分子追求某种非法目的、希望或者放任某种危害结果的发生的心理。

（二）守法及其基本保障

守法行为简称守法，是指社会主体包括国家机关、社会组织和公民依照法律规定行使权利、履行义务的活动，也就是遵守法律，符合法律，依法办事。守法行为是合法行为的另一表达方式，它与合法行为一样是为法律所认可的、与法律规定相一致的行为。例如，行政机关依照法定权力、程序、步骤所实施的行政处罚和行政许可，公民依法对其所有物实施的占有、使用、处分、收益，公民、法人和其他组织依法进行的起诉、应诉，诉讼代理人依法进行的代理与辩护，法院依法作出的判决，这些都是守法行为，也是合法行为。

对守法行为，可以从多方面把握。从主体看，守法行为分为国家机关的守法行为、武装力量的守法行为、社会团体和社会组织的守法行为、公民的守法行为以及外国人、无国籍人的守法行为等。在我国，国家机关的性质及其在国家生活中所占的重要地位，决定了国家机关在保证法律的实施上负有尤为重要的责任。从内容看，守法分为履行法律义务的行为和行使法律权利的行为，前者是指社会主体按照命令性法律规范和禁止性法律规范作出或不作出一定的行为；后者是指社会主体按照授权性法律规范作出一定行为或者要求他人作出或不作出一定的行为。从状态看，守法分为消极的守法行为、积极的守法行为、理想的守法行为三种：消极守法是将法律当成外在强制力量而不去触犯法律；积极守法基于自己的

“良心”“责任”和“信念”而自觉自愿地履行义务、勇敢地行使权利以维护自身的合法权益；理想守法是为了维护法律的尊严和推动法治的进步而积极促进整个社会的守法状况的改善。

守法主体的社会地位、社会环境、受教育程度、思想道德素质等方面的差异性，决定了其守法的根据和理由不尽相同。守法是多种因素相互作用的结果。具体而言，守法的原因主要有以下五个方面。

1.法律本身的要求

守法是法律规定的义务，换言之，守法是公民的法律义务，不守法就要承担相应的法律责任，并受到相应的法律制裁。例如，我国宪法序言指出：“全国各族人民、一切国家机关和武装力量、各政党和各社会团体、各企业事业组织，都必须以宪法为根本的活动准则，并且负有维护宪法尊严、保证宪法实施的职责。”宪法第5条第4款规定，一切国家机关和武装力量、各政党和各社会团体、各企业事业组织都必须遵守宪法和法律。一切违反宪法和法律的行为，必须予以追究；第5款规定，任何组织或者个人都不得有超越宪法和法律的特权。

2.利益的考量

“天下熙熙，皆为利来；天下攘攘，皆为利往。”“人们奋斗所争取的一切都与他的利益相关”，这些观点揭示了利益与人的行为的内在关系。法律是利益的调节器，权利和义务是法律对利益的确认，它们都具有利导性。权利以其特有的利益导向和激励机制作用于人们的行为，义务以其特有的利益约束和强制功能作用于人们的行为，两者有机结合并影响人们的动机，引导人们的行为。所以，出于利益的考虑，人们依据法律行使权利，履行义务。

3.惧怕法律的惩罚

法律以国家强制力为后盾，国家强制力是法律实施的根本保障。国家强制力与法律惩罚联系在一起。在一个法制健全的社会，违法行为会被追究法律责任，受到法律惩罚，从而遭受自由、财产、精神等方面的损失。因此，出于免于法律惩罚的考虑，人们便遵守法律。

4.社会的压力

任何人都是社会中的人，都要与社会和他人发生千丝万缕的联系，形成各种相互勾连的行为模式。生活在这个社会中的人，必须依从这些行为模式，否则就会受到来自他人的批评和谴责。正如有学者所指出的："社会是由无数互相连锁的行为模式组成的，不遵从某些行为方式，不仅会使依赖它们的其他人失望，而且会在某种程度上瓦解社会的组织，这种内在的依赖关系产生了使人守法的强大压力。当周围人都依法办事并鄙视不安分守己者时，每个人都会产生'不如此就会受到责难'的压力。"

5.心理上的惯性

英国法学家詹姆斯·布赖斯认为，出于惯性是民众守法的首要原因。心理上的惯性问题，涉及法律是否符合人的习惯以及民族和社会的习惯等问题。如果一项法律符合人的习惯以及民族和社会的习惯，那么，它就可能会比那些不符合这些习惯的法律得到更好的遵守。而事实上，法律从内容上讲，其中有相当一部分是来源于社会生活和生产过程中自发形成的习惯规则，其意义在于符合人们对惯例的屈从倾向，便于法律的实施。相反，如果法律规定违背了一个民族的风俗习惯，即便看起来是良好的，也难以得到民众的普遍服从。

保证人人守法是一项法治系统工程，它的基本条件有三个。一是社会主体的法律素养和道德素养。良好的法律素养和道德素养是人们守法的思想基础。二是良法。体现人民的意志和利益、符合时代精神、得到绝大多数人认同的良法，会得到人们的自愿遵守；制定良好的法律，需要坚持立法的基本原则，遵循立法的基本程序。坚持立法的民主性、公开性，让公众能参与立法过程，有助于将人民的意志反映到法律之中。只有反映人民意志的法律才能获得人们的认同，才会得到人们的普遍遵守。三是文明的社会环境。一个国家的社会环境如何，包括法治状况、政治状况、经济状况、国际形势等如何，对人们守法有着一定的影响。就法治状况而言，如果国家行政机关及其工作人员能依法行政、严格执法，国家司法机关及其工作人员能以事实为依据、以法律为准绳，公正司法，树立起良好的执法、司法环境，那么就能树立良好的守法榜样，带动人们守法。就政治状况而言，如果政治民主、官员廉洁、政局稳定、政府诚信，那么法律也会具有较高的权威性，人们也会更自觉地遵守法律。就经济状况而言，市场经济是法治经济，在实行市场经济的国家，国家和政府都十分注意把市场经济纳入法治的轨道，用法律的手段对市场经济进行调整，这就为守法营造一个良好的法制环境，促使人们运用法律手段来维护公平的竞争，维护自己的合法权益。人们能否依法行使权利和履行义务，并不只是取决于人们主观上的愿望和选择，社会能否为他们提供必要的物质条件也是相当重要的，而这与社会经济的发展水平是密切相关的。

我国著名法学家郭道晖提出，为了使社会主体守法，在立法和执法中，不应偏重“罚”，还应借助“赏”。那么，如何通过“赏”来促使社会主体守法呢？郭道晖写道：法律上的“赏”体现在哪些方面？有的法律是纯粹奖励性的法律（如国家勋章和国家荣誉称号法）；有些是奖惩并举的法律、法规（如1982年《企业职工奖惩条例》，现已废止）；还有的是法律中规定给予一定的精神或物质奖励、优惠待遇（如文物保护法、环境保护法、森林法、草原法等）。行政奖励的方式有通报表扬、记功、物质奖励、晋级、通令嘉奖、授予荣誉称号等。法律上“赏”的含义，还可以从广义上或从根本上去理解。法律并不是只有给予精神的、物质的奖励才叫奖赏。法律关系中最基础的关系就是权利义务关系。在法律上，确认其权利，就可以说是给予奖赏；或者说，凡遵守法律规定的义务，就可以享受法律确认的权利，这就是“赏”。当然，法律上的奖赏还主要体现于它的一些激励性规定。例如，现代立法注重通过激励，调动当事人的主动性、积极性，刑法中立功者、自首者，可依法减轻刑罚；服刑期间表现好、改造好的，可减短刑期。

（三）违法及其后果

违法与守法是相对应的概念，两者都属于法律行为的组成部分。那么，什么是违法呢？违法会导致什么样的法律后果？

1.违法及其类型

违法行为简称违法，是指社会主体违反现行法律法规的规定，造成某种危害社会的结果的、有过错的行为，它由主体、主观方面、客体、客观方面等四个要素构成。从违法的主体看，违法者是达到了法定年龄、具有责任能力或行为能力的自然人或依法成立的法人或其他组织。违法主体的核心问题是责任能力，不同法律对不同违法主体的责任能力作出不同的规定，这些规定包括年龄、生理和心理状况、职务或身份等。我国民法典对民事责任的主体作出了规定、刑法对刑事责任的主体作出了规定。从违法的主观方面看，违法行为人在主观上有过错，这种过错是出于故意或过失。所谓故意，是指违法行为人明知自己的行为会造成危害社会的结果，并希望或放任这种结果的发生；所谓过失，是指违法行为人应当预见自己的行为可能造成危害社会的结果但因疏忽大意而没有预见，或已经预见而轻信能够避免从而导致危害结果的发生。没有主观过错的行为，即使在客观上造成了危害社会的结果，也不构成违法，如正当防卫、紧急避险等。从违法的客体看，违法行为侵害了法律所调整和保护的社会关系。从违法的客观方面看，违法行为是违反了法律规定、对社会造成危害的行为。这种行为可以以积极的方式实施，即采取积极的行为去实施法律所禁止的行为；也可以以消极的方式实施，即不实施法律规定应当作出的行为。仅仅属于思想意识的活动，不构成违法，没有社会危害性的行为，也不构成违法。违法行为的社会危害性可以分为两种情况：一是对社会已造成实际上的损害；二是虽然尚未造成实际上的损害，但这种行为对法律保护的社会关系存在危害的危险。

违法行为有多种，根据违法的性质及其对社会危害程度的不同可以分为刑事违法、民事违法、行政违法和违宪四类。刑事违法是侵犯刑法所保护的社会关系、依法应当受到刑事惩罚的行为；民事违法是违反民事法律法规，应当追究民事责任的行为；行政违法是违背行政法律法规，应当追究行政法律责任的行为；违宪是指有关国家机关制定的某种法律、法规或规章以及国家机关及其领导者、社会组织或公民与宪法的规定相抵触的行为。

2.违法的后果

违法的后果有两个方面：一是法律责任，二是法律制裁。它们是先后相继的递进关系。

（1）法律责任

法律责任是由违法行为或违约行为、侵权行为所引起的法律上的不利后果。从实质上说，它是国家对违反法定义务、超越法定权利（力）界限或滥用权利（力）的违法行为所作出的法律上的否定性评价和谴责，是国家强制违法者作出一定行为或禁止违法者作出一定行为，补救受到损害的合法权益，恢复被破坏的法律关系和法律秩序，因此可以说法律责任是一种惩罚或纠错机制。

法律责任有多种，在法律实践中，按照法律责任的性质将其分为刑事责任、民事责任、行政责任和违宪责任。刑事法律责任是因刑事违法行为而应当承担的刑法上的不利后果，它是一种严格的行为人个人责任，也是最严厉的一种法律责任；民事法律责任是指公民和法人因民事违法行为、违约行为、侵权行为或其他事由而应当承担的民法上的不利后果，它是在社会生活中最常见的法律责任；行政法律责任是因行政违法行为而应当承担的行政法上的不利后果，既包括行政机关及其公职人员、授权或委托的社会组织及其工作人员在行政管理中因违法失职、滥用职权或行政不当而产生的行政法上的不利后果，也包括公民、社会组织等行政相对人违反行政法律规定而产生的行政法上的不利后果；违宪责任是因违宪行为而应当承担的宪法上的不利后果，现代宪法一般都规定了“合宪性”原则，即明确规定宪法具有最高的法律地位和法律效力，因而任何一种违宪的法律、法规、规章和行为都是无效的，都必须承担违宪责任。在我国，全国人民代表大会及其常务委员会负责监督宪法的实施，认定违宪责任。

（2）法律制裁

由于违法行为具有社会危害性，因而法律对它给予否定性评价，这种否定性评价突出表现为以法律责任的形式设定了违法行为的法律制裁。法律制裁是由特定国家机关对违法者依法追究法律责任而采取的强制性的惩罚措施，从违法行为到法律责任再到法律制裁，是逻辑发展的必然结果。由于违法行为有刑事违法、民事违法、行政违法、违宪四种类型，法律责任也有刑事法律责任、民事法律责任、行政法律责任、违宪责任四种类型，因而法律制裁也分为刑事制裁、民事制裁、行政制裁、违宪制裁四种。刑事制裁是人民法院对违反刑法的犯罪行为依照其应承担的刑事责任而实施的惩罚性措施。我国刑法将其分为主刑（管制、拘役、有期徒刑、无期徒刑、死刑）和附加刑（罚金、剥夺政治权利和没收财产）。民事制裁是人民法院通过民事审判活动，按照民事法律规范对违法行为依照其承担的民事责任所实施的制裁。行政制裁是国家行政机关对有关单位和个人，违反行政法规等依照其所应承担的行政法律责任而实施的强制性措施，分为行政处分、行政处罚。违宪制裁是依照宪法的特殊规定对违宪行为所实施的一种强制措施。我国宪法规定的违宪制裁措施主要有：撤销同宪法相抵触的法律、行政法规、地方性法规。在这四类法律制裁措施中，刑事制裁最为严厉。

（3）追究法律责任、进行法律制裁的原则

追究法律责任、进行法律制裁，往往涉及公民的财产、自由甚至生命，因而必须慎重施行。依照法律的规定和原则精神，在追究法律责任、进行法律制裁时应该坚持以下五项基本原则。①责任法定原则。法律责任或者法律制裁措施应当由法律规范预先规定，包括在法律规范的逻辑结构之中，而且应当明确、具体。在违反法律规范的行为发生后，应按照事先规定的性质、程度、方式、期限追究违法者的责任，使其承受制裁性的法律后果。②公正原则。这一原则的内容具体包括有责必究、责任与违法程度相适应、法律面前人人平等三个方面。③因果联系原则。这里说的因果联系，一方面是指行为与损害结果之间的因果联系，即损害结果是由违法行为造成的；另一方面是指心理活动和行为之间的因果联系，即违法者的行为是思想支配身体的结果。④责任自负原则。凡是实施了违法行为的人，必须承担法律责任，而且必须是独立承担责任。⑤重在教育原则。虽然法律责任对违法者具有惩罚性，但是对于除生命刑以外的各种责任形式来说，惩罚只是手段，教育才是目的。

第二节　法律监督

为了维护法制的统一和尊严，为了制约权力、防止权力腐败，为了保障公民的合法权益，法律监督必不可少。为了更好地理解这个问题，我们对法律监督以及我国的法律监督体系进行研习。

一、法律监督概述

对于“法律监督”一词，我们应该不陌生，但是要对它做出学理上的界定却不是一件容易的事情。“监督”的基本词义是视察和督导，以预防和纠正偏差与失误。在当今时代，社会科学十分注重对监督的研究，政治学、社会学、经济学、法学等诸多学科将它作为研究对象。在法学领域，监督与民主、法治存在着密切联系，法律监督是法律运行中的重要环节，是法治建设中的重要课题。

一般而言，法律监督有狭义和广义之分。狭义的法律监督，是指有关国家机关依法定职权和程序对立法、执法、司法等法律运行的合法性所进行的监察、控制和督导。在我国，检察院是专门的法律监督机关，对一切社会主体的犯罪行为提起公诉，而监察委员会对行使公权力的所有人员进行监督。广义上的法律监督，是指所有社会主体（包括一切国家机关、社会组织和公民个人）对各种法律活动的合法性进行监察和督导。作为法律运行环节的法律监督是广义上的法律监督。

法律监督是由监督主体、监督客体和监督内容三个方面构成的统一整体。法律监督主体即法律监督的实施者，具体包括国家机关、各政党和社会团体、企事业单位和公民个人。法律监督客体即法律监督的对象，具体包括从事各种法律活动的国家机关和武装力量、政党和社会团体、企事业组织和公民个人，其中主要是运用权力的国家机关、政治或社会组织及其工作人员。法律监督内容即法律行为的合法性，包括行为内容的合法性和行为程序的合法性两个方面。其中，国家机关及其公职人员行使公共权力的行为是否具有合法性，是法律监督的重心。值得一提的是，政党依法执政是法治的题中之义，执政权是一种政治权力、公共权力，因而执政党是否依法执政也是法律监督的重点内容。①

我国的法律监督是一个由多方面构成的有机系统，依照监督主体的不同可以分为国家监督和社会监督两个子系统。下面，我们对这两个子系统作进一步说明。

二、我国的国家监督体系

国家监督是指国家机关进行的监督，分为人民代表大会及其常务委员会监督、国家行政机关监督、国家司法机关监督以及监察委员会监督等。

（一）人民代表大会及其常务委员会监督

人民代表大会制度是我国的根本政治制度，各级人民代表大会及其常务委员会依照法定职权和程序对由它产生的国家机关及其公职人员的公务活动进行监督，是其法定职权和职责。为保障全国人民代表大会常务委员会和县级以上地方各级人民代表大会常务委员会依法行使监督职权，2006 年 8 月 27 日第十届全国人民代表大会常务委员会制定了《中华人民共和国各级人民代表大会常务委员会

①金磊．法律基础知识[M]．北京：北京理工大学出版社，2021：77−85.

监督法》（以下简称各级人民代表大会常务委员会监督法），该法对各级人民代表大会常务委员会行使监督职权的内容、原则和程序作出了较为详细的规定。

依据宪法、立法法、各级人民代表大会常务委员会监督法的规定，全国人民代表大会及其常务委员会的监督主要从以下几个方面进行：①改变或撤销政府制定的同宪法、法律相抵触的行政法规、决定和命令；②听取和审议政府工作报告；③审查和批准政府的国民经济计划和社会发展规划、财政预算决算以及它们的执行情况的报告；④对政府机关及其主要领导人提出质询和询问；⑤视察和检查政府工作；⑥组织对特定问题的调查；⑦罢免或撤销有关人员职务；⑧受理人民群众对行政机关及其工作人员的申诉、控告、检举和意见。

（二）国家行政机关监督

在现代社会，国家行政机关的监督是法律监督的重要组成部分。在我国，国家行政机关的监督分为一般行政监督和专门行政监督。

一般行政监督，是在行政隶属关系中上级行政机关，对下级行政机关所进行的监督。依据监督内容的不同，可以将我国的一般行政监督分为行政立法监督和工作监督两个方面。前者体现在宪法第89条规定中："国务院行使下列职权……（十三）改变或者撤销各部、各委员会发布的不适当的命令、指示和规章；（十四）改变或者撤销地方各级国家行政机关的不适当的决定和命令……"后者体现在宪法第110条第2款规定中："地方各级人民政府对上一级国家行政机关负责并报告工作。全国地方各级人民政府都是国务院统一领导下的国家行政机关，都服从国务院。"

专门行政监督，是行政系统内部设立的专门监督机关实施的法律监督，依据监督方式的不同，可以为审计监督和行政复议。①审计监督是依法设立的审计机关均依照法定职权和程序，对本级和下级行政机关及金融机构、企事业组织等单位的财务收支或财务收支的真实、合法和效益所进行的监督。审计法对审计监督的主体、原则、程序、内容以及法律责任等作出了明确规定。审计监督有利于维护国家财政经济秩序，提高财政资金使用效益，促进廉政建设，保障国民经济和社会健康发展。②行政复议是由行政复议机关根据公民、法人或者其他组织的申请，对被申请的行政机关的具体行政行为进行复查并作出决定的活动。行政复议是一种依申请的法律监督行为，其主体是行政复议机关，行政复议机关的职能在行政复议法第3条中有明确规定。行政复议是推进依法行政、建设法治政府的必由之路，它有利于行政机关依法行使职权，防止和纠正违法、不当的行政行为，保护公民、法人和其他社会组织的合法权利。

（三）国家司法机关监督

司法机关的监督是监督制度的重要组成部分，分为检察机关的监督和审判机关的监督。检察机关的监督包括以下三种情况：一是对于违反刑法规定构成犯罪的行为，通过立案侦查，在查清事实真相的基础上，提请审判机关追究其刑事责任；二是对于人民法院已经生效的判决裁定，检察机关认为确有错误而提起抗诉；三是对于审判机关和执法机关在审判活动或执法活动中的违法情况提出纠正意见。需要注意以下两点：一是检察机关作为特定的国家机关，不能任意对任何国家机关或公民的活动进行监督，只能在法律授权的范围内对特定的对象进行监督；二是检察机关的监督只是程序性的监督，不能最终决定案件的处理结果。

审判机关的监督分为对内监督和对外监督两个方面：①对内监督是审判机关内部依照审判监督权限和程序，对具体审判及其裁决的合法性所进行的监督，具体表现为：各级人民法院院长对本院已经发生法律效力的判决和裁定，如果发现在认定事实上或者在适用法律上确有错误，必须提交审判委员会处理；最高人民法院对各级人民法院已经发生法律效力的判决和裁定，上级人民法院对下级人民法院已经发生法律效力的判决和裁定，如果发现确有错误，有权提审或者指令下级人民法院再审。②对外监督是人民法院依照法定职权和程序对国家行政机关、社会组织和公民的行为的合法性所进行的监督，具体分为以下情形：依行政诉讼程序对行政机关具体行政行为合法性的审查监督；依刑事诉讼程序对人民检察院起诉的案件，在认定主要犯罪事实不清、证据不足或没有违法情况时，以退回补充侦查或通知纠正的方式进行的监督；依民事、刑事诉讼程序对公民和社会组织的违法犯罪行为通过追究法律责任的方式进行的监督。

（四）监察委员会监督

进行国家监察体制改革、建立国家监察委员会制度，是我国顺应新时代加强权力监督和制约、提高治国理政能力的要求而作出的重大决定。监察委员会制度的建立打破了原有的国家机关及其权力配置体系，在原有的从人民代表大会产生的由人民政府行使行政权、人民检察院行使检察权、人民法院行使审判权、军事委员会行使军事权的国家机关及其权力配置体系的基础上，诞生监察委员会这一新的从人民代表大会产生的与人民政府、人民检察院、人民法院的地位平行的、独立行使监察权并履行监察职能的专责机关，这不仅是国家权力构成体系的创新，也是国家权力监督和制约体制的创新。

权力监督和制约是监察委员会制度的基本原则，主要体现在以下几个方面。①加强权力监督是构建监察委员会制度的目的和初衷，这一点可从《中华人民共和国监察法》（以下简称监察法）第1条规定中得到说明："为了深化国家监察体制改革，加强对所有行使公权力的公职人员的监督，实现国家监察全面覆盖，深入开展反腐败工作，推进国家治理体系和治理能力现代化，根据宪法，制定本法。"②作为"行使国家监察职能的专责机关"，监察委员会的基本职能就是监督和制约权力，依照法律规定的权限和程序履行监督、调查、处置等职责，防止权力滥用和腐败，阻止权力异化为私器，保障权力行使的合法性与合理性。③监察委员会不是对某一类公职人员的权力行为或公职人员的某一类权力行为进行监督，而是实现监督全面覆盖，即依照监察法规定对一切公职人员、一切行使公权力的行为进行监察。④监察委员会行使监察权对公职人员进行监察，依照法律规定独立进行，在办理职务违法案件或者职务犯罪案件时，应当秉持权力监督和制约原则，既与执法机关、检察机关和审判机关相互配合，又与执法机关、检察机关和审判机关互相制约。此外，"党的纪检部门与监察机关不仅职能合一，而且机构合一，从而充分发挥国家机关和党的纪检部门的职能，提升国家监察的权威性"，有利于提高权力监督和制约的效能。

三、我国的社会监督体系

社会监督，泛指国家机关以外的政治组织、社会组织和人民群众依照宪法和有关法律，通过各种途径和形式对各种法律活动的合法性所进行的监督。在我国，社会监督的主要方面有中国共产党监督、媒体监督、公民监督。

（一）中国共产党监督

中国共产党因其居于执政党的地位而在社会监督乃至整个法律监督体系中居于十分重要的地位。从监督客体看，中国共产党的监督有党外监督和党内监督两个方面。党外监督是中国共产党通过行使执政权和领导权，通过政治领导、思想领导和组织领导等方式，督促所有国家机关、其他政治或社会组织以及企事业单位依法办事。党内监督是中国共产党通过其纪律检查机关和党的组织系统，对其组织机构和成员活动的合法性所进行的监督。党内监督的重点对象是党的各级领导机关和领导干部，特别是各级领导班子主要负责人，其重点内容有：遵守党的章程和其他党内法规，维护中央权威，贯彻执行党的路线、方针、政策和上级党组织决议、决定及工作部署的情况；遵守宪法、法律，坚持依法执政的情况；贯彻执行民主集中制的情况；保障党员权利的情况；在干部选拔任用工作中执行党和国家有关规定的情况；密切联系群众，实现、维护、发展人民群众根本利益的情况；廉洁自律和抓党风廉政建设的情况。

（二）媒体监督

传媒是以报纸、广播、电视和网络等为媒介并以技术性、组织性为特征的传播方式，它具有以下四个基本特征：①传播性能上的新闻性，即事件是新发生的，评论的视角是新颖的，报道是有新意的；②传播功能上的综合性，即在发布新闻、宣传主张、阐发政策、交流信息、传播知识、沟通思想、监督权力行使等方面发挥着积极作用；③传播范围上的开放性，即受众广，节目内容丰富，信息量大；④传播方式上的双向性，即传播者与受众之间双向交流，受众参与媒体活动，信息从受众中来，又发布给更多的受众。传媒具有双重属性，它可以充当政权机关的“喉舌”，又可以充当社会公众的舆论工具。在欧美国家，媒体监督被视为与立法权、行政权、司法权相并列的“第四种权力”。在我国，媒体在法律监督中的地位和作用越来越突出。

所谓媒体监督，是指报纸、广播、电视、网络等媒体对各种违法违纪行为特别是国家公职人员的违法犯罪、渎职腐败行为所进行的揭露、报道、评论或抨击，它具有涉及面广、影响面大、振动力大、透明度高、时效性强、社会效果明显等特点，是一种有效的监督方式。但是，要使媒体的法律监督功能得到有效发挥，就必须保障媒体的相对独立性。当然，媒体监督是一把“双刃剑”，缺乏约束可能会造成负面的影响。因此，媒体监督不仅要遵守新闻报道规则，而且要遵守法律规定。

（三）公民监督

公民监督是公民对法律运行情况所进行的直接监督。从监督客体看，公民可以对任何社会主体进行监督，但主要是对执政党和国家机关运用公共权力的行为进行监督。依照我国宪法规定，公民对于任何国家机关和国家工作人员有提出批评和建议的权利，对于任何国家机关和国家工作人员的违法失职行为有向有关机关提出申诉、控告或者检举的权利；一切国家机关和国家工作人员必须依靠人民的支持，经常保持同人民的密切联系，倾听人民的意见和建议，接受人民的监督，努力为人民服务。公民监督的途径多种多样，包括批评、建议、检举、揭发、申诉、控告等基本形式。

第六章

法律人文精神

第一节　法律人文精神概述

法律人文精神是当今中国法学理论和法治实践中的重要课题之一，对这个问题的探讨有助于深化法理学研究，有利于推进全面依法治国。清华大学冯象教授认为，传统上，法律与人文的关系非常密切。法律依托文本，由人文知识集团操作，是所谓文明社会的一大特征。一切成文法社会，包括英美判例法，都是如此。换言之，人文对于法律人来说，不仅是一般的文化修养，还是法律技术的基础或行业基本功。起草文件、调解纠纷、法庭辩论，这些事都需要人文的阅历。在当今时代，研究、传播、倡扬、践行法律人文精神具有重要意义。

在通常意义上，法律已成为维护人类社会秩序的常规手段，它通过对权利和义务以及法律责任的规定，告诉人们可以做什么、禁止做什么、应该做什么以及不这样做会有什么样的法律后果，从而实现“定分止争”，确保社会控制和维系社会秩序。在这个意义上，法律就是一种社会控制手段，是一项社会控制工程。然而，现代法律不仅具有工具的意义，更有一种内在人文主义的精神蕴含。孟德斯鸠说：“在民法慈母般的眼神中，每个人就是整个国家。”这一名言形象地道出了民法的人文精神。其实，不仅民法具有人文精神，一切法律都应该具有人文精神，一切法律都应该从人出发，以人为本。法律以人文精神为其根基和法源，又以人文精神为其永恒的目标和追求。汪太贤在《人文精神与西方法治传统》一文中写道：“如果说，人文精神是对人的存在的思考，对人的价值、人的生存意义的关注，以及对人类命运的把握与探索，那么，法治就是对人的存在、价值、命运的思考、关注和把握过程中的产物。”因此，对法律人文精神进行界定，得从人文精神谈起。

一、人文精神

人文精神的英文为“Humanism”，来自拉丁文的“Humanitas”，我国学术界又将其译为“人文思想”“人本主义”“人文传统”“人文主义”“人道主义”等。人文精神为社会科学界所厚爱，法学家讨论它，哲学家研究它，社会学家和经济学家也涉及它，不同的学者从不同的角度进行探讨，观点纷呈，莫衷一是，以至美国学者弗弗里德里克·爱德华（Frederick Edwords）这样说道："何谓人文主义？你得到的答案的类型取决于你所问的人文主义者的类型。'人文精神'一词有多种含义，并且由于写作者和说话者弄不清楚他们所指的是哪种含义，因而试图对人文主义进行解释的人往往成为混乱的根源。"为了厘清人文精神的内涵，我们对有关思想作一概览。①

（一）中国传统文化中的人本思想

在中国历史上，以专制集权、皇权至上、人治盛行、人身控制等为内容的制度模式和治理方式限制衍生出现代意义上的人文精神，因为"专制君主总把人看得很下贱……哪里君主制的原则占优势，哪里的人就占少数；哪里君主制的原则是天经地义的，哪里就根本没有人了"。但是，我们不能因此而忽视或否定古代先贤在谋求尊重人、关爱人等方面做出的努力。中国传统文化中的人文精神集中体现为人本思想，这一思想主要表现在三个方面。一是人是世间最珍贵的。《荀子·王制》云："水火有气而无生，草木有生而无知，禽兽有知而无义，人有气、有生、有知，亦且有义，故最为天下贵也。"二是以人为本。《管子·霸言》指出："夫霸王之所始也，以人为本。本治则国固，本乱则国危。"三是民为邦本、民贵君轻。从盘庚的"重民"到周公的"保民"再到孔子的"爱民"，从孟子的"民贵君轻"到荀子的"君舟民水"再到汉唐以来主张的"民为邦本"，这些思想都在强调人民乃国家之本，统治者要重视民心。

（二）西方历史上人文精神源远流长

在西方，人文精神源远流长。从古希腊时期哲学家普罗泰戈拉的"人是万物的尺度"到文艺复兴时期文学家莎士比亚的"人是多么了不起的一件作品！理性是多么高贵，力量是多么无穷！仪表和举止是多么端庄，多么出色！论行动，多么像天使！论了解，多么像天神！宇宙的精华，万物的灵长！"从近代启蒙思想家卢梭的"放弃自己的自由，就是放弃自己做人的资格，就是放弃人类的权利"到现代西方马克思主义学者弗洛姆的"让人压倒一切"，对人的重视在西方历史上一脉相传。归纳起来，西方传统文化的人文思想主要有四个方面。①强调人的

①王静. 法律基础与实务[M]. 北京：北京燕山出版社，2021：94-102.

价值，不仅将人作为万物的尺度，而且作为创造的终极目的。②重视人的理性力量，“相信人类有能力或潜力解决自己的问题”，在其历史发展的进程中能够把自己从贫困、无知和不公正中解放出来。③主张“天赋人权”，人生来就享有自由、平等、安全和追求幸福的权利。④将人权作为政府成立的目的，人为了保障自然权利而订立契约、成立政府，为了保障人权，政府必须是分权和法治的。如果政府不以保护人权而以满足自己的野心、私愤、贪欲或其他不正当的情欲为目的，就是暴政，人民有推翻暴政、建立新政府的权利。

（三）马克思主义的人文思想

马克思、恩格斯在“扬弃”西方传统人文主义思想的基础上赋予人文精神独特的内涵，这集中表现在以下四个方面。

第一，将对人的理解建立在社会实践的基础上。马克思、恩格斯明确表示：“我们的出发点是从事实际活动的人”，“从现实的前提出发，它一刻也不离开这种前提。它的前提是人，但不是处在某种虚幻的离群索居和固定不变状态中的人，而是处在现实的、可以通过经验观察到的、在一定条件下进行的发展过程中的人”。

第二，从人与自然、人与社会的关系中揭示人的本质。在人与自然的关系中，人来自自然又高于自然，“我们连同我们的肉、血和头脑都是属于自然界和存在于自然之中的；我们对自然界的全部统治力量，就在于我们比其他一切生物强，能够认识和正确运用自然规律”。在人与社会的关系中，一方面，人是社会的人；另一方面，社会是由人组成的。人们“由于他们的需要即他们的本性，以及他们求得满足的方式，把他们联系起来（两性关系、交换、分工），所以他们必然要发生相互关系”，因此“社会本身即处于社会关系中的人本身”。

第三，人作为社会的人，既是目的，又是手段。人是个体性与社会性的统一，人的价值分为社会价值和个人价值，社会价值即个人对社会的贡献，这是个人作为社会的手段的表现；个人价值是社会对个人的满足，这是个人作为社会的目的的表现。人既是手段，但更是目的，“人是全部人类活动和全部人类关系的本质、基础”。

第四，将人的自由而全面的发展作为衡量社会进步的重要标志。社会的进步需要先进的生产力，必须消灭那些使人成为受屈辱、被奴役、被遗弃和被蔑视的东西的一切，建设“每个人的自由发展是一切人的自由发展的条件”的联合体。

（四）人文精神的界定

综观人类对人文精神的探讨，可以概括出人文精神的一般内涵。人文精神实质上是一种普遍的人类自我关怀，它以弘扬人的主体性和价值性、对人的权利的平等尊重和关怀为特质。对于这一界定，可以从以下三个方面进行理解。

第一，人文精神是对人的主体性的确认。在大千世界，各种事物共生共荣。然而，“人是唯一能够由劳动而摆脱纯粹的动物状态的动物——他的正常状态是和他的意识相适应的而且是要由他自己创造出来的”。人通过自己的活动创造了全部生活和整个历史，并通过自己的创造活动获得主体性，这种主体性表现为人对于渗透在人类文化活动及其成果的所有方面的那种使人成其为人的自觉关注与自觉追求。人文精神是对人的主体性的确认，是对人的自由自主的肯定。

第二，人文精神是对人的价值和尊严的肯定。人的价值包括个人价值和社会价值两个方面，前者是指社会、他人对个人人格的尊重和对个人需要的满足；后者是指个人对社会和他人所作的贡献。人的价值表明人是手段和目的的统一，其中目的是根本性的。人文精神强调将人“永远当作目的看待，绝不仅仅当作手段使用”，强调尊重人、关心人、实现人的自由和人的发展。

第三，人文精神是对人的本性的尊重。人的本性与人的需要密切联系，或者说人的需要就是人的本性。正如马克思所说的：“在现实世界中，个人有许多需要，他们的需要即他们的本性。”人文精神意味着尊重人的本性，关爱、珍惜、保护人的生命，满足人的正当需要，保障人的权利。

综上所述，人文精神是一种普遍的人类自我关怀，它既是一套观念体系，也是一种崇高的行为准则和社会生活方式，它要求一切从人出发，以人为中心，把人作为观念、行为和制度的主体；主张所有人的解放和自由，人的尊严、幸福和全面发展应当成为个人、群体、社会和政府的终极关怀；认为作为主体的个人和团体应当有公平、宽容、诚信、自主、自强、自律的自觉意识和观念。

二、法律人文精神

法律人文精神是一个极具理论价值与实践意义的课题，因而受到中外学者的普遍关注。不过，一些学者使用的是“法律理念”“法律价值”“法律精神”等概念。例如，舒国滢写道：“在人类精神演进史上，法律精神的进化有着十分重要的意义，它使人类走出了原始时期蒙昧的沼泽，能够依靠对于法律、权利、义务、责任的深刻体认，在成文规范的层面上化解相互之间的冲突和征战，从而使自己避免过早地趋向崩溃。法律精神是文明时代的精神，是杂糅着人类的理性、智慧、经验、宽容、理想、渴望和平幸福的精神。所以，历史上每一个在困惑中生存的时代，首先应当寻求的就是该时代的法律精神。"

（一）法律人文精神的定义

通过考察人类法律思想史，可以发现，无论在古代或近代，对法律人文精神的论证和合乎逻辑的适用都曾是法学家的重要活动。然而，在人类法律思想史上对法律人文精神展开系统研究的典型代表是近代思想家孟德斯鸠，他用了二十年的时间对法律精神进行研究，写成了《论法的精神》一书。在这一名著中，孟德斯鸠赋予法律精神以独特含义，即法律和各种事物关系的综合。

通过总结先贤对法律人文精神的解读，我们归纳出它的一般意义。所谓法律的人文精神，是指对在一定社会历史条件下，社会物质生活条件所决定的客观法权关系的本质的反映，主要由人权、正义、自由、平等、安全等方面构成。

（二）法律人文精神的特征

法律人文精神主要有以下三个方面的特征。

其一，法律人文精神是人文精神在法律中的集中反映。人文精神是一种普遍的现象，它可以以思想理念的方式存在，也可以渗透到规章制度和实践行动中。当人文精神与法律结合、渗透到法律之中时，法律人文精神就应运而生。有学者认为，"人文主义对于法律来说，既有描述的意义，又有规范的意义"，从而使得法律"不仅具有工具的意义——工具意义只是法律要义的一个外在表现，更有一种内在人文主义的价值荷载和精神蕴含，是深刻内蕴着以人为中心的人文精神和旨趣的。尊重人，关怀人，以人的幸福生活为基本尺度，是人性的基本需求"。当然，法律人文精神不是人文精神在法律中的简单重复，而是人文精神在法律精神上的积淀和升华。

其二，法律人文精神是特殊性和普遍性的统一。每个民族和国家因不同的生存环境、生产方式和生活方式，以及不同的社会体制及其观念文化系统而产生了各不相同甚至迥异的人文精神，"每个民族和国家的法律传统都有自己独特的内

在精神和外在形式，呈现连绵不断、一脉相传、难以割裂的特征”。但是，人所具有的共同追求、人性中的共有成分，使得各民族和国家的法律人文精神具有相通之处。例如，中国传统法律思想虽然认为法与刑同义，但又主张以仁德治国，“明德慎刑”“省刑恤杀”的司法主张包含了反对重刑和酷刑、反对滥用刑法的人道主义。西方传统法律思想的核心是人文主义，这充分体现在关于法律的正义性、关于法律是实现个人权利的手段等思想上。在现代，各个民族和国家的相互交往使得法律人文精神具有更多的共通性，大都将人文精神中关于人的主体性、人的价值性、人的本性等抽象理念转化为自由、平等、安全、人权、正义、公平等具体规范。这样，现代法律人文精神具有层次性，如果说人的主体性、人的价值性、人的本性是法律人文精神的深层底蕴，那么自由、平等、安全、人权、正义、公平等则是法律人文精神的显层表现，或者说，自由、平等、安全、人权、正义、公平等是法律人文精神的具体表现形态。

其三，法律人文精神可以通过具体形象来表征。如同权力可以通过权杖、王冠、玉玺等具体事物来象征，法律人文精神也可以通过神物、神像来展示。如在我国，法院大门口两边各立一头廌（獬豸），意在法律代表公正公平。在中国封建社会，执法官的官帽上饰有獬豸形象，甚至清代的御史等监察司法官员都一律戴獬豸冠、穿绣有獬豸图案的官服。在西方，最能象征法律人文精神的具体形象是朱斯提提亚像，这一形象在国外法院门口随处可见，她是蒙眼女性、身着白袍、左手提一天平，右手举一剑。对这一形象，德国著名法学家耶林解读为：“正义女神一手提天平，用它衡量法；另一只手握剑，用它维护法。剑如果不带着天平，就是赤裸裸的暴力；天平如果不带着剑，就意味着软弱无力。两者是相辅相成的，只有在正义之神操剑的力量和掌秤的技巧并驾齐驱的时候，一种完满的法治状态才能占统治地位。”具体来说，双眼蒙布，象征约束个人倾向，不被外界干扰，不带有任何歧视和偏袒；白袍，象征圣洁清白、刚正不阿；左手提一天平，象征公平裁判，法律面前人人平等；右手举一剑，象征维护正义的力量、权力和决不姑息的决心。可见，不管是廌，还是正义女神，都只是文化渊源和外在表现形式的不同而已，究其本质，都是公平正义等法律人文精神的体现。

三、法律人文精神的人性基础

人性问题是法学的一个基础理论问题，不仅刑法有其人性基础，而且所有的法律都必须考虑人性问题，都是以人性论为其理论基础的。法律的人性基础使得法律具有人文精神的底蕴，人性对于法律人文精神的形成具有根本的意义。人性是法律的基础，是法律人文精神的根基。对法律人文精神人性基础的研讨，要求我们从人性问题谈起。

（一）人性及其善恶

人性问题是一个极具魅力的问题，自古以来，无数学者对这个问题进行过思考，提出了对人性的不同观点，对这些看法进行考察，有助于准确定义人性。

1.关于人性的不同观点

在古代，人性与自然属性联系在一起。在古希腊，人被宇宙化、自然化，而宇宙、自然被人格化。中国古代典籍有云："水火有气而无生，草木有生而无知，禽兽有知而无义；人有气、有生、有知，亦且有义，故最为天下贵也。"西欧中世纪将人性与神性相联系。近代资产阶级思想家从唯物主义感觉论立场来论述人性。17世纪英国的培根、霍布斯、洛克和18世纪法国的爱尔维修、霍尔巴赫、卢梭等都认为人性是由感性的利益和需要规定的，"趋乐避苦""自爱、自保、自私"是人生而具有的自然本性，上天赋予每个人以平等的权利。这些理论为资产阶级革命提供了有力的论证，在历史上起过巨大的进步作用。19世纪德国古典哲学强调人是理性的存在物。康德认为，人的本性是理性存在物，它能按先天的理性原则，即"善良意志"去行动，不受感性的物质利害关系支配，人以立法和守法区别于动物。黑格尔也认为，人之区别于动物之处，在于有思想和理性。费尔巴哈强调人的自然本性，把人性归结为人的自然的类，把人的知、情、意归结为人的自然属性，提倡创立一种"爱"的新宗教。马克思把实践作为人的根本存在方式，认为实践性是人性的根本特性，除了先天自然属性之外，人性系统中的其他几乎所有因素（包括后天的一些自然属性）都是人在实践活动中逐渐形成、发展并完善起来的，而且随着实践活动的范围、对象、手段和目标以及结果的不同而发生相应的变化。

归纳起来，对人性的理解主要有四种观点。一是认为人性就是人区别于动物的特性，是"人之所以异于禽兽"的本质属性，它是后天形成的。不少学者在此基础上进一步从人的实践性出发去理解人性，认为实践性是人性的主要内容，实践是历史的、变化的，因此人性也是历史的、变化的。二是认为人性主要是指自然属性，是人生而固有的，因而是不可改变的。三是认为人性即人的根本属性，是从根本上决定并解释着人类行为的、那些固定不变的蕴藏着人的个性和创造性的人类天性，既具有共同性，又充满独特性和差异性，是多样性与独特性的“共在”，是自然性与社会性的统一。四是认为人性是人的伦理行为事实如何之本性，就是一切人都具有的属性，是一切人的共性，分为两部分：一部分是更为一般的、低级的，即人与其他动物的共同性，人所固有的动物性，如能够自由活动、同样有食欲和性欲等；另一部分则是比较特殊的、高级的，是使人与其他动物区别开来的而为人所特有的属性，即人的特性，如能够制造生产工具以及具有语言、理性和科学，等等。

2.人性的概念

综合关于人性的各种观点，我们对人性做出如下界定：人性是人之所以为人的规定性，这种规定性不是单一的，它外在地表现为自然属性、社会属性和思维属性等方面的统一，内在地表现为需要、欲望、情感、意志、理性等相互连接的整体。人的需要是指人为维持自身生存和促进自身发展而占有对象、获取对象的倾向，它是人性内在因素中最基础的部分，并从根本上影响着人性的形成。当人意识到需要并追求需要的满足时，需要就转化为欲望和动机，成为想得到某种对象或者想达到某种目的的心理动力。人在进行各种活动的过程中所获得的切身体验构成人的情感，人的情感在人的动机转化为行为的过程中发挥着重要作用。正如马克思所言：“激情、热情是人强烈追求自己的对象的人的本质力量。”意志是人在把欲望转化为行动目的，并追求行动目的的实现的过程中所表现出来的调节自我、克服困难的心理因素，坚强的意志保证动机转化为行动；理性是人控制欲望、规范行为的重要机制，行为依从理性是人类行为的重要特征，当理性与天赋、习惯“不相和谐”时，人“宁可违背天赋和习惯，而依从理性，把理性作为行为准则”。

3.人性的善与恶

人性是善还是恶？这是一个千古之谜。为了揭示其谜底，无数思想家进行了探索，其答案不外乎以下四种。一是认为人性本来无善恶，人的善恶是由后天形成的，此所谓“性相近也，习相远也”。二是认为人性本来是善的，只是由于后天的影响才造成了恶。例如，孟子说：“恻隐之心，人皆有之；羞恶之心，人皆有之；恭敬之心，人皆有之；是非之心，人皆有之。恻隐之心，仁也；羞恶之心，义也；恭敬之心，礼也；是非之心，智也。仁义礼智，非由外铄我也，我固有之也，弗思耳矣。”三是认为人性本来是恶的，一些人平时的善行善举归根结底还是为了自己（所谓主观为自己，客观为别人）。例如，荀子说：“从人之性，顺人之情，必出于争夺，合于犯分乱理，而归于暴。故必将有师法之化，礼义之道，然后出于辞让，合于文理，而归于治。用此观之，人之性恶明矣，其善者伪也。”四是认为人性本来就有善有恶，后天环境的影响使一些人的善性表现得多一些，另一些人的恶性表现得多一些。

尽管性善论和性恶论的主张由来已久并且各自都有充分的理由，但我们对这些观点不予苟同。在我们看来，人性善恶不是一个纯粹形而上的问题，仅靠抽象的理论演绎难以得出科学的结论。实践是检验真理的唯一标准，人性善恶的评价标准在于人性行为的社会效应，即基于人性的行为、由人性引导的行为是有利于还是有害于社会或他人。一般而言，当基于人性的行为实现了利己与利他的统一、至少是有利于自身生存与发展，并且无害于社会和他人时，人性就是善的；当基于人性的行为虽然有利于自身生存与发展但有害于社会和他人，甚至损人不利己时，人性就是恶的。由此，人性之善和人性之恶都有两个方面的表现。人性之善的表现是：有利于自身生存、发展与完善的自爱、自尊、自重、自强、自信、自主、自由等；有利于社会和他人利益的协作、关心、友爱、诚信、恻隐、感恩、克己、尊人等。人性之恶的表现是：对自我利益、自身价值的漠视，如自暴、自弃、自卑、自毁等；欲望的恶性膨胀，包括物欲之恶、权欲之恶、情欲之恶、名欲之恶，即为满足强烈的物质欲望以各种不正当手段掠取公私财物，为满足强烈的权力欲望而不择手段谋取权位，为满足强烈的情感欲望而导致对他人情感或社会利益的损害，为满足强烈的名誉欲望而沽名钓誉或欺世盗名甚至诽谤他人名誉。

（二）人性将人类的规则导向法律

人性的内容和特征要求“采取科学的形式但尊重对人性的理解”，“把人性和行为看成不只是听凭其内部生理特性和外部环境摆布的东西”。正是这一要求将人类的规则导向法律，这至少可以从以下两个方面得到说明。

一方面，人的社会属性和思维属性使人获得尊严，而“人来源于动物界这一事实已经决定了人永远不能摆脱兽性”，因此，人的尊严常常与人的兽性发生冲突。汤因比如是说：“人类是处于这样一种麻烦困惑的境地，他们是动物，同时又是自我意识的精神存在，就是说，人类因为在其本性中具有精神性的一面，所以他们知道自己被赋予了其他动物不具备的尊严感，并感觉到必须维护它。”维护人的尊严需要抑制人的兽性并努力实现社会价值，这有赖于法律发挥作用。正如孟德斯鸠所说：人“作为有感觉的动物，他受到千百种的情欲的支配……他生来就是要过社会生活的；但是他在社会里却可能把其他的人忘掉；立法者通过政治的和民事的法律使他们尽他们的责任”。

另一方面，人的需要具有多样性、发展性，一种需要满足后，新的需要就会产生，因而人的欲望是无止境的。然而，任何一个社会的资源都是有限的，不可能满足人的所有欲望。这一矛盾的根本解决之道在于对人的欲望进行调控。人的理性不仅使人认识到控制欲望的必要性，而且引导人找到了控制欲望的最佳方式，这就是法律。西塞罗说过：“法律是人性中所蕴含的最高理性，告诉人们所应做之事，禁止人们所不应做之事。”法律通过确认和保障公民权利而肯定人的正当需要、满足人的合理欲望，通过规定公民义务而否定人的不合理需要、防止人的欲望膨胀，通过构建权力运行的模式、原则和程序而防止执政者因热情和偏私所导致的偏向，通过规定制裁手段而预防和惩治损害国家的、社会的、集体的利益和其他公民的合法权利的行为。

（三）法律人文精神人性基础的历史证成

法律人文精神根植于法律的人性根基，不仅可以从法学理论上进行阐释，而且可以从法律历史中得到证明。从人的角度看，法律是人基于自己的需要而创立的规范体系。正如杨奕华所说的：“人对其生存的自觉，对其生活问题的关切，对未来的不确定性，对生与死、幸与不幸、权力与冲动等的不安定感，使得人创造出法律。”

人首先是作为生命体而存在的，维持生命使人产生了对食物、衣服、住所等物质的需要以及对安全的需要。法律的产生首先与这些需要有关。为了满足物质需要，人必须进行生产、交换和分配，法律就是这些活动发展到一定时期的产物。在人类社会的早期，生产活动极其简单，人们共同劳动、平均分配，不需要法律进行强制性调整。随着生产力发展，社会分工越来越细密，集体劳动逐步过渡到个体劳动，以交换为目的的商品生产逐步形成。共同劳动的生产方式被打破，平均分配方式也不再适用。新的生产和分配方式需要新的规则来调整，法律作为一种明确的、普遍适用的、具有国家强制力的规范应运而生。

法律不仅基于人的物质需要，而且基于人的安全需要。人对安全的需要紧随生理需要之后，它也是人的基本需要，是人得以生存的必要条件。为了满足安全需要，早期人类借助于图腾崇拜或者征战，然而图腾崇拜不能消除自然力量的伤害，征战的结果往往是两败俱伤。在原始社会后期，商品交换启发人们采用契约这一和平方式获得安全保障，当契约被当作普遍的规则而要求全体社会成员遵循并以国家强制力保障实施时，契约就转化为法律。

人在物质需要、安全需要得到满足之后，又产生了名誉、地位等方面的需要。这些需要既是人发展的基本条件，也是法律产生的重要原因。在古代社会，法律在很大程度上就是公共权力的掌握者为获得神圣地位而颁布的。关于这一点，恩格斯曾经有过精辟说明："官吏既然掌握着公共权力和征税权，他们就作为社会机关而凌驾于社会之上。从前人们对于氏族制度的机关的那种自由的、自愿的尊敬，即使他们能够获得，也不能使他们满足了；他们作为同社会相异化的力量的代表，必须用特别的法律来取得尊敬，凭借这种法律，他们享有了特殊神圣和不可侵犯的地位。"在现代社会，宪法、行政法等对国家权力进行规定，一方面是因为国家权力具有扩张性、膨胀性，而对它加以法律约束；另一方面是因为国家权力具有稳定社会秩序的功能，而对它加以法律保障。

总之，法律是人为了满足自己的生存和发展需要而制定的规制体系。正如美国人类学家格尔茨所指出的：法律是在不同的时间、地点和场合，由不同的人群根据不同的想法创造出来的；人在创造他自己的法律的时候，命定地在其中灌注了他的想象、信仰、好恶、情感和偏见，表达了特定的文化选择和意向，它从总体上限制着法律（进而社会）的成长，规定着法律发展的方向。人在创造法律时，必然将其生存意志、个性、尊严、价值等人性因素赋予其中，从而使法律富含人文精神。虽然法律依靠某种权威力量作后盾来实施，这种权威力量或者为宗教，或者为迷信，或者为国家暴力，但无论如何，法律都是人类美好希望的一种载体，表达人类对美好生活的追求。所以，法律与人"不是主客体的严格二分和矛盾对立，而是主客体的双向互动与协调统一”，人是法律的目的，法律是人的工具，而且法律只应该是人的工具，不能成为其他力量压迫人的手段。法律人文精神的缺乏必然导致法律的异化，或者沦为非人力量压迫和奴役人的手段，或者沦为专制君主推行暴政的工具。

四、法律人文精神的冲突及其调适

一个法律事件可能包含多方面法律价值、具有多方面法律人文精神，不同法律人文精神之间可能会发生矛盾与冲突。事实上，法律人文精神不是单一的，而是由不同具体形态构成的有机体系，包括自由、平等、安全、人权、正义等。由于各种各样的原因，这些法律人文精神之间可能有冲突。那么，当不同法律人文精神之间发生冲突时，该如何解决呢？

（一）法律人文精神冲突的表现

法律人文精神冲突主要表现为以下三个方面。

1.自由与平等之间的冲突

人们希望自由，是平等的自由；人们希望平等，是自由基础上的平等。自由与平等作为人类社会正义的两大支柱，在社会实践中常常处于冲突的状态。例如，自主择业在赋予人们选择自由的同时，也导致身份歧视、性别歧视、地区歧视等。

2.自由与安全之间的冲突

自由是以个体的物质与精神的相异性为基础，并以个性的发挥为其实现途径的，这就存在着突破秩序的一致性、连续性与稳定性的特质，可能给安全带来危害。安全要求秩序，秩序的规定性则意味着对自由的特质与个性的某种规制，通过对自由进行一定程度的限制维持其与秩序之间的平衡。例如，当一个国家遭遇紧急状态时，政府往往需要牺牲部分自由来保障秩序。

3.公平与效率之间的冲突

平均主义不利于发挥人的积极性、创造性，从而影响效率。例如，在某些国家，政府为了促进平等的价值，改善弱势群体的待遇，往往需要向富人群体多征收税款，却使企业用于生产和扩大再生产的资金减少，导致国民经济发展缓慢。

（二）法律人文精神冲突的原因

法律人文精神发生冲突的原因，主要有以下几个方面。

1.法律人文精神冲突的逻辑原因

法律人文精神是多元的，每一种法律人文精神具有自身的独特的规定性，一种法律人文精神的规定性与另一种法律人文精神的规定性，在逻辑上可能存在冲突的因素，甚至难以兼容。

2.法律人文精神冲突的主体原因

由于不同主体具有不同的利益诉求和价值观念，因而不同主体对法律人文精神的诉求不尽相同。例如，有人侧重自由，有人侧重安全，两者之间势必发生冲突。

3.法律人文精神冲突的文化原因

历史、文化、道德、风俗习惯、宗教都会对法律人文精神冲突产生很大的影响。例如，西方发达国家将自由权作为最基本人权，而我国则将生存权和发展权作为最基本人权。

（三）法律人文精神冲突的调适

调适法律人文精神之间的冲突，必须坚持以下五项原则。

1.社会原则

法律人文精神冲突具有社会性，对冲突的整合应诉诸具体的社会实践，通过具体的立法、执法和司法等活动加以解决。

2.动态原则

法律人文精神冲突具有动态性，对冲突的整合应反映时代的变化和主体需要的变化。

3.优位原则

法律人文精神具有位阶性，在不同位阶的法律人文精神发生冲突时，按照位阶顺序确定何者应优先保护。一般而言，安全优先于自由，公平优先于效率，生命权优先于财产权。例如，紧急避险制度的设计，就是对生命权优先于财产权的优位原则的遵循。我国刑法第21条第1款规定："为了使国家、公共利益、本人或者他人的人身、财产和其他权利免受正在发生的危险，不得已采取的紧急避险行为，造成损害的，不负刑事责任。"

4.比例原则

比例原则即两善相权取其重，意指为保护某种较为优越的法律人文精神必须侵犯另一种法律人文精神时，不得逾越此目的所必要的程度。例如，为维护公共秩序，必要时可能会实行交通管制，但应尽可能实现"最小损害"或"最少限制"，以保障社会上人们的行车自由。这就是说，即使某种法律人文精神的实现必然会以其他价值的损害为代价，也应当将这一侵害降低到最低限度。

5.法益兼顾结合

在特定情况下，为了更大的法律利益，克减甚至牺牲某些法律人文精神是必要的，但应对被克减甚至牺牲的法律人文精神进行补偿。例如，对传染病人以及疑似患者进行隔离（限制其自由）是必要的，但是应该进行补偿。

五、法律人文精神的价值功能

人类选择了法律，便崇尚法律，赋予了法律许多美好的话语，古希腊的先贤就曾认为"法律是人和神的共同的正义事业"。从古希腊先贤的思想中汲取营养的自然法学派，更是慷慨地赋予了法律诸多的美好追求。但是，在历史上也有过缺失法律人文精神的恶法，这些恶法给人带来了深重的灾难。实证法学家阿尔夫·罗斯认为，一个大意说某个规范或社会制度是"正义的"或是"不正义的"陈述，根本不具说明意义，诉求正义无异于"砰砰敲桌子"，一种将个人要求变成一个绝对公理的感情表达。历史的经验在告诫我们，先贤们的话语也犹在耳边震荡，法律必须具有人文精神。

（一）法律人文精神是法律进步和完善的价值指南

“法律与每个人息息相关，它与我们同在，从摇篮到坟墓，它是指引我们通往目的地的途径，即使在我们已与绝大多数灵魂汇合之后，也是由法律决定着，对所留遗产可以作怎样的处置。”约翰·麦·赞恩的一席话表明了法律的重要性。然而，法律有良恶之分，是否具有人文精神是区分法律良恶的核心标准。缺乏法律人文精神的法律是恶的法律，这样的法律是专制权力和非人因素压迫、奴役人的工具。只有富有法律人文精神的法律才是良好的法律，它以人为终极价值、能够促进人的完善、实现人与人以及人与自然的共生共荣。

法律人文精神不仅是良法的价值标准，而且是推动法律进步的重要动力。法律进步的动力是由多方面构成的系统，包括社会基本矛盾的运动、人类对法律认识水平的提高、立法技术的成熟、法律人文精神的形成等。法律人文精神是法律进步的思想基础，是法律进步的精神力量。例如，作为现代法治基本原则的正当程序原则，就是在正义这一法律人文精神的引导下逐步发展和完善起来的，它起源于英国的“自然正义”，最初具体化为公平听证和避免偏私两项规则要求，后来发展为程序的中立、理性、排他、可操作、平等参与、自治、及时终结和公开等多方面。这一原则已经成为所有法治国家共同坚持的法治原则。又如，古代中国虽然有着丰富的人本思想，但这些思想没有衍生出法律人文精神，它们导向的恰恰是王权主义。法律人文精神的缺失使得泛刑主义、专制主义盛行，进而导致古代中国的法律以刑为主、诸法合体、严刑峻法。清朝末期，一些进步的思想家在对西方法律人文精神的传播中开始形成关于民主、宪法、共和、议会的理性认识，为动摇传统法律制度做了思想上的准备。正是受了西方法律人文精神的影响，孙中山提出“五权宪法”。自中华人民共和国成立以来，特别是1978年我国实行改革开放以后，法律人文精神在中外法律文化交流中不断发展和完善，因而我国社会主义法律也不断发展，不仅将“国家尊重和保障人权”写进了宪法，而且形成了较为完善的保护公民权利的法律规范。

（二）法律人文精神是人性化执法的思想基础

所谓人性化执法，是指在行政执法过程中执法者遵守法律规定，在尊重当事人合法权利的前提下，依据正当程序进行非歧视的、理性化的行政执法活动，集中表现为人文关怀，如理解、宽容、尊重、关爱，它“绝不是把人从有理性的动物变成畜生或傀儡，而是使人有保障地发展他们的身心，没有拘束地运用他们的理智；既不表示憎恨、愤怒或欺骗，也不用嫉妒、不公正的眼光加以监督”。人性化执法所制裁、打击的是违反法律规定的行为，对当事人依法享有的权利、对当事人作为“人”的基本需要和利益予以尊重、保护，它将法律的教育功能与惩罚功能结合起来，最大限度地追求执法公正与执法效果的统一。人性化执法与法律人文精神相辅相成，法律人文精神是人性化执法的思想基础，人性化执法是贯彻落实法律人文精神的重要途径。

法律赋予行政机关一定的自由裁量权，但自由裁量权的行使必须符合法律赋权的真实目的与意思。例如，市政府可以为改善交通状况强制征购土地，但不得以取得土地增值为目的强制征购土地，因为后者不是法律授予征购土地裁量权的目的。自由裁量权的行使不仅要符合法定的目的，还必须具有正当的动机，在作出决定或裁决时必须符合法律的要求和法律的精神。然而，在现实中，背离法定目的、基于不正当动机、考虑不相关意思、有悖逻辑和常情、专断和粗暴等导致的不公正现象屡见不鲜。我国是人民民主专政的社会主义国家，中华人民共和国的一切权力属于人民，代表人民行使国家权力的机关是全国人民代表大会地方人民代表大会，国家行政机关由人民代表大会产生，对它负责、受它监督。可见，在我国，执法机关是人民的执法机关，执法人员是人民的“公仆”。由此出发，执法必须以民为根、以民为本、以人民利益为依归，其宗旨要为民，其理念要安民，其作风要亲民。人性化执法将法律人文精神具体化为“知民情、察民意、体民忧、护民安、保民利”，从而实现执法为民。

（三）法律人文精神是司法公正的思想保障

现代法治国家都将司法公正作为法治建设的重中之重。随着我国法治建设的推进，司法公正的程度不断提高，但司法不公正现象依然存在。例如，片面适用法律条款，机械地套用法律条文，法律没有规定而作出违反立法精神的处理结果；对案件把握不到位、定性不准，对合法与违法、罪与非罪区分不清，使无辜人受到法律制裁、造成冤假错案；等等。导致司法不公正的原因是多方面的，如司法体制、社会环境、文化背景等，但就文化背景而言，法律人文精神的缺乏是最根本的原因。一个缺乏法律人文精神的人，一个没有道德观念的人，不可能实现执法和司法公正，也不可能做到经世济民。司法公正有赖于执法人员和司法人员的实践智慧，这种智慧来自制度理性，但根源于法律人文精神。只有具备法律人文精神，执法人员和司法人员才能“威武不能屈、富贵不能淫”，才能坚守规则、遵从法律，才能“铁肩担道义”、裁决合公理。

（四）法律人文精神是民众守法的精神力量

法律以约束和规范人们的行为为目标，法律的施行虽然以国家强制力为保障，但也要依靠人们自觉服从。法律要获得人们的自觉服从，离不开法律人文精神。衡量一个人的法律素质，并不仅仅在于能够记住甚至背诵多少法律条文，而在于他能否掌握法律条文之中所蕴含和沉淀的法律人文精神。

法律人文精神通过个人信念和社会舆论保证法律的施行，法律人文精神的普及可以减少违法犯罪。违法犯罪的人，有的固然是不知法、不懂法，但更多的是法律人文精神缺失、道德沦丧，如“杀人、抢劫、强奸等罪犯，大都没有人道主义观念；实施财产性犯罪的人大多自私心重，缺乏劳动观念；过失犯罪、渎职犯罪，多无事业责任心或职业道德”。法律人文精神有助于人们培养秩序、平等、公平、自由、人权等观念，使人们能够按照“己所不欲，勿施于人”“己之所欲，亦惠于人”“己欲立而立人，己欲达而达人”的要求处理人际关系，从而实现人际良性互动和社会有序运行。法律人文精神是民众守法的精神力量，借用卢梭的话来表述如下：法律人文精神“既不是铭刻在大理石上，也不是铭刻在铜表上，而是铭刻在公民们的内心里；它形成了国家的真正宪法；它每天都在获得新的力量；当其他的法律衰老或消亡的时候，它可以复活那些法律或代替那些法律。它可以保持一个民族的创制精神，而且可以不知不觉地以习惯的力量代替权威的力量”。

第二节 法律与人权、自由

一、法律与人权

亚里士多德曾说：“在整个宪政史中始终不变的一个观念是：人类的个体具有最高的价值，他应当免受其统治者的干预，无论这一统治者为君王、政党还是大多数公众。”对人类个体最高价值的认可，集中表现为人权及其法律保障。人权是人性的根本诉求，是法律人文精神的集中体现。尊重和保障人权是法律的终极价值，法律对人的行为的规范、对社会秩序的构建、对社会发展的促进、对社会公平的维护，最终目的在于保障和实现人权。①

（一）人权思想发展概览

在历史上，人权首先作为一种思想理念而存在。人权理念的产生具有重大意义，它唤起了资产阶级推翻"不知人权、蔑视人权"的专制政权的革命热情，引导资产阶级在革命胜利后将这一理念宪法化、构建并不断完善人权保障制度，促进宪政的兴起和发展。今天，人权已经成为一种被普遍接受的理念，为国际社会所追求，为各国政府所重视。

1.西方人权思想概览

人权理念萌发于古希腊时期，这一时期的政治法律和伦理思想中孕育着人权理念的胚胎。芝诺创立的斯多葛派突破了城邦主义的狭域，相信幸福来源于生命的尊严，倡导平等主义，建立了世界一体论的思想理念。他们认为人人都具有理性，所以人类应当不分种族、身份、财产等一律平等。在古罗马的共和制后期，商业资本就已经发展到了古代世界前所未有的高度，等价交换的价值规律要求所有人至少成为在形式上独立的平等的个体。这样，人的主体性在客观经济的推动下必然要求在意识形态包括法学上予以彰显，个人主体资格在法学领域的反映催生了权利概念。罗马在公元212年赋予帝国行省的居民以公民权，从而有力地推动了商品社会的发展，罗马的个人权利体系也得以不断发展，并在欧洲文艺复兴时期被启蒙思想家加以借鉴吸收和利用，改造成为近代人权理念。虽然权利概念在古希腊罗马时期就已经被使用，但是这时候的权利还不能称为"人权"。因为这时候缺乏完整的"人"的观念，专制等级制度把奴隶当作会说话的工具，被排除在"人"的范围之外。恩格斯说："只要自由民和奴隶之间的对立还存在，就谈不上来自一般人的平等的法的结论。"

人权作为一种理念，是从欧洲文艺复兴运动开始的。在中世纪末期，随着资本主义生产方式的发展，资产阶级自由、平等、人权的要求日益强烈，一场思想解放运动成为必要和必然。在这种情况下，爆发了以人文主义为主要思潮的"文

①侯春平，侯斌，等．法律基础教程[M]．北京：清华大学出版社，2022：104–111.

艺复兴”运动。人文主义者倡导以“人”为中心的世俗文化，他们以人性反对神性，以人权反对神权，以幸福主义反对禁欲主义，以理性主义反对蒙昧主义，以自由思想反对封建专制，以平等思想反对世袭等级制度，将人提高到前所未有的地位，使人的尊严和价值得到肯定，使人的理性得到张扬。在人文主义者关于“人”的思想中，有以下三点尤为重要：①“我是人，凡是人的一切特性，我无不具有”，人具有同样的本性，人是天生平等的；②人是有理性的，因而人有意志自由，“我们愿意成为什么，就成为什么”；③人天生自由，这种自由来自人作为人的自然本性，因此人追求个人利益是合乎天道人性的。这种带有明显的利己主义、个人主义、享乐主义倾向的观点，表现了资产阶级要求个性解放和自由发展的愿望。弗尔默鲁斯被视为近代人权理念最早奠基人，他于1537年首先提出了人权概念，并严格地把它同法治联系在一起。随后，格劳秀斯对人权做出明确界定并进行论证，指出人权是人作为人的自然权利，这种权利是人作为理性动物所固有的一种品质，其重要性是用来规范一个理想的政治制度。

人权作为明确的概念一经提出，就受到进步思想家的欢迎。例如，洛克第一次对资产阶级人权理论进行系统论述，提出了以下观点：人权是天赋的，与生俱来的；人权的基点是个人，个人人权高于一切；人权是超阶级的，人人皆有；人权的主要内容是平等权、生命权、健康权、自由权和财产权；政府依社会契约而成立，以保护人民的自然权利为目的；如果国家权力被滥用，人民可以收回国家最高权力。卢梭对人权理论的重大贡献，是他从社会契约出发，引申出“主权在民”的著名思想，把自由、平等提高到“政治权利”的高度，并在人权中加入“革命权”。潘恩被人们称为“人权斗士”。他认为“所有的人都处于同一地位，因此，所有的人生来就是平等的，并具有平等的天赋权利”，人权是不可分割和转让的，是不可消灭的，而只能代代相传，而且任何一代都无权打破和切断这个传统。他进一步指出，甚至政府的法律，也不得不沿用人的一致性或平等的原则，只规定罪行的轻重，而不规定人的地位。他还区分了天赋权利和公民权利，认为公民权利以天赋权利为基础。

正是一大批思想家从自然状态出发，用自然法理论阐述人权思想，进而形成了主要由以下方面构成的“天赋人权”理论。这一理论包括以下几个方面的内容：人权是法律所规定的每个个人都应该享有的神圣而不可侵犯的权利和基本自由；人权是人与生俱来的，是“天赋”的，因而神圣不可侵；人权的“人”是无差别的，因此，只要是人，就一定享有基本权利；人权中的“人性”是现实存在的，所有人都有基本人性，决定了人民享有不可剥夺的基本人权；人权构成了人的所有权利关系中的起始权利，是人应该享有的权利中最基本的权利；人权具有连续性和一贯性，不以时间为转移；人权是不可让渡、不可放弃的权利，“一个人如果放弃人权，就是放弃做人的资格”。

尽管“天赋人权”因其唯心性、形而上学性、过分强调个人权利等原因而受到后人的批评，但是不可否认，它对人类文明产生了重大影响。马克思曾经以非常赞赏的口吻说，在“人权理论”指导下所取得的资产阶级革命的胜利，“宣告了欧洲新社会的政治制度……不仅反映了发生革命的地区即英法两国的要求，而且在更大的程度上反映了当时整个世界的要求”；恩格斯则表示：“从今以后，迷信、非正义、特权和压迫，必将为永恒的真理，为永恒的正义，为基于自然的平等和不可剥夺的人权所取代。”

正是在人权旗帜的指引下，资产阶级发动了推翻“不知人权、蔑视人权”的封建专制政权的革命，将大批农民从封建的人身依附关系中解放出来，使之获得形式上的自由与平等，从而实现“从身份到契约”的转变。不仅如此，资产阶级还在革命胜利后建立并不断完善宪法、不断发展法治，以保障人权。人权理念作为一种进步的政治思想，对保障人权只能起到启迪、宣传、号召、指导作用。由于人权具有脆弱性，需要法律加以保障。首先，法律使人权从“应有权利”上升为法律权利，人权因而具有不可侵犯性。一方面，法律将人权的内容具体化，从而使人权具有可操作性；另一方面，法律对受侵害的人权进行救济，对侵犯人权的行为予以制裁。其次，人权只有得到法律的确认和保障，才能有明确的实现程序和方法。最后，人权的实现要求建立保障人权的机制，这些机制有赖于法律构建。正是为了保障人权，资产阶级在革命时期通过发表政治宣言确认和传播人权理念，在革命成功之后通过制定宪法将人权理念规范化、制度化。这方面的标志性文件有美国的《独立宣言》和《宪法修正案》、法国的《人权和公民权宣言》（以下简称《人权宣言》）及《宪法》。

继美、法两国之后，主要资本主义国家大都将资产阶级人权理念宪法化。不仅如此，资本主义国家还随着社会政治关系的发展，不断加强和完善人权立法。如果说在资产阶级夺取政权初期的人权立法，强调公民的人身权、自由权、平等权和财产权的话，那么19世纪末20世纪初的人权立法的重点则是参政权。20世纪以来人权立法进一步发展，出现了诸如劳动权、工作环境权、失业救济权、最低生活保障权等规定，当今发达资本主义国家已形成比较完善的人权法体系。

2. 中国人权思想概览

中国封建社会有着漫长的专制统治的历史，虽然在传统文化中也存在“民本”思想，但是缺乏人权的观念。1903年前后，“人权”开始在中国知识界流传。据说，著名诗人柳亚子在获知“人权”一词时非常激动，当即将自己的名字改为“柳人权”。孙中山在制定《临时约法》时，则将人权表述为“人民之权利”，这里的“人民”虽为复数词，但是表达的却是个人的基本权利。

我国20世纪初期即提出了“人权”与“科学”的概念，而后改为“民主”与“科学”。在中共三大的决议中，曾提到要根据中共二大的决定建立人权组织，开展活动。在井冈山时期的立法中，有关“人民的权利”的规定，被写入《中华苏维埃共和国宪法大纲》，具备了宪法地位。准确地将“人权”一词写入真正的法律规范中的，则是集中于20世纪40年代由中共控制的武装根据地之内制定的一系列人权约法，如1940年通过的《山东省人权保障条例》、1942年实施的《陕甘宁边区保障人权财权条例》等。

中华人民共和国成立后的一段时间里，“人权”概念被“公民权利”概念所取代而较少使用。随着改革开放的推进以及社会主义法制的发展，我国开始重视人权问题。1991年11月1日，国务院新闻办公室发布《中国的人权状况》白皮书，首次以政府文件的形式肯定了“人权”概念在中国社会主义政治发展中的地位。1997年9月，中共十五大首次将“人权”概念写入党的全国代表大会的主题报告，使“人权”从对外宣示的主题变为党领导国内建设的主题。2004年的《宪法修正案》将“人权”概念纳入其中，明确规定“国家尊重和保障人权”。与此同时，学界对人权问题的研究也如火如荼，学者们批判地借鉴西方学者的观点，形成了以马克思主义为指导的、具有中国特色的人权理论。

（二）人权的界定

综合中外学者的观点，我们对人权做出如下界定：人权是处于一定社会历史条件下的人，为维持生存和发展而应当享有的权利，这些权利不可剥夺、不可转让。对这一概念的理解，需要把握以下几个方面。

1.人权的主体

人权是属于人的或关于人的权利，人是人权的主体，是人权的具体享有者和行使者。这里的人是处于一定社会历史条件下的人，是具体的、现实的人。在人权主体问题上，历来存在着争论，西方一些学者抽象地理解人，认为人人生而平等，主张“天赋人权”，他们以个人主义为思想基础，强调个人人权，否认集体权利属于人权。马克思主义反对抽象地理解人权主体，认为人是社会的人，人的本质不是单个人所固有的抽象物，而是一切社会关系的总和。个人离不开社会、离不开集体，人权包括个人人权和集体人权。从各国人权立法来看，人权主体已从个体主体扩大到集体主体。

2.人权的客体

人权是人的权利，包括对物、行为、精神产品、信息等享有的权利，权利是人权的客体。“权利”一词的含义十分丰富，不同场合有不同解释，不同人有不同解释，即使同一个人在不同时期也有不同看法。如把权利释义分为资格说、主张说、自由说、利益说、法力说、可能说、规范说、选择说等八种。一般认为，权利是人们做什么或不做什么、要求他人做什么或不做什么的资格。

3.人权的构成要素

人权由利益、主张或要求、资格、权能、自由等要素构成。

（1）利益

利益既可能是个人的，也可能是社会的；既可能是物质的，也可能是精神的；既可能是人权主体自己的，也可能是与人权主体有关的他人的。利益对人权来说是十分重要的，一项人权之所以成立，是由于它包含了某种利益。不过，利益只能用来说明权利的本质的一个方面，而不是全部，单纯的利益或对利益的需要本身并不能成为权利。

（2）主张或要求

一种利益若无人提出对它的主张或要求，就不可能成为权利。一种利益之所以要由利益主体通过表达意思或其他行为来主张，是因为它可能受到侵害或随时处于侵害的威胁之中。

（3）资格

提出利益主张要有一定的凭据，也就是说，要有资格提出要求。

（4）权能

权能具有两层意义，第一层意义是人权受到保护，侵犯人权会导致一定的消极后果，如受到道德谴责或受到法律制裁；第二层意义是人权的享有和行使具有可能性，权利主体应该具有享有和实现其利益、主张或资格的能力。

（5）自由

权利主体可以按照个人意志去行使或放弃该项权利，不受外来的干预或威胁。如果某人被强迫去主张或放弃某项利益、要求，那么这种主张或放弃本身就不是权利，而是义务。

4.人权的表现形态

人权有不同的表现形态。人权最基本的形态是应有权利（道德权利、伦理权利），即人作为人应该享有的权利，人如果失去这些权利就意味着失去做人的资格。当人的应有权利法律化之后，人权就表现为法律权利。人的应有权利只有通过法律确认转化为法律权利之后才有实现的可能，没有法律的确认，人权就没有保障。当然，法律权利并不意味着人权在现实中的实现。人权在现实中实现的形态表现为实在权利，这是法律权利被人们实际享有的状态，是人权的现实状态。

5.人权的核心内容

人权具有多方面内容，其核心内容是基本人权。基本人权是人所固有的、不可剥夺的、不可转让的那部分权利，其具有以下特征：一是固有性，它是人所固有的、不可缺少的一种权利；二是排他性，它是人固有的那些不可取代、不可转让的权利；三是母体性，它具有派生其他权利的功能。中外学者一般都承认基本人权，但在何为基本人权问题上存在分歧。在西方国家，一般把财产权视为人权的核心；在我国，一般认为生存权和发展权是最基本人权。

6.人权的普遍性与特殊性

人权是普遍性和特殊性的统一。人权的普遍性是指所有国家和人民都应当努力实现人权，它基于人类的共同属性即自然属性，而不是基于不同国家民族的特殊性；它基于人类生存和发展的共同利益和需要，而不是各国不同的利益和需要。人权的普遍性：一是指人权主体的普遍性，即一切人，至少是一个国家的一切公民或一个社会的一切成员，不分种族、肤色、性别、语言、宗教、政见、国籍、社会出身、财产状况、文化水平等，都应当享有权利；二是指人权原则和人权内容的普遍性，即基本人权作为人之为人的权利，包括人的生存、活动、人格、尊严等方面的权利，是人类共同的、普遍的追求和理想。人权的特殊性是指人权的社会性和阶级性、人权价值的位阶性以及人权实现方式的差异性。不同社会、不同阶级、不同历史时期均有不同的人权，在人权价值的排序和实现人权方式方面表现出不同的特征。人权的普遍性和人权的特殊性之间是一种辩证统一的关系，二者既相互区别，又相互联系、相互促进。因此，在实践中，各国政府和人民在承认人权普遍性的前提下，有权在促进和保障人权的过程中确立本国优先事项和实现方式。不考虑一个国家的特殊国情、抽象强调人权的普遍性，势必妨害人权的实现。

7.人权的相对性

人权不是绝对的，它受到一定条件的限制。法律对人权的确认不仅使人权获得法律保障，也意味着人权受到一定的限制，只有在遵守宪法和法律的前提下，人权才能实现。孟德斯鸠曾对作为人权重要内容的自由权的有限性作过如下说明：“自由是做法律所许可的一切事情的权利；如果一个公民能够做法律所禁止的事情，他就不再有自由了，因为其他的人也同样会有这个权利。”人权不是绝对的，这不仅是中外思想家的观点，也是各国的普遍规定。例如，法国《人权宣言》第4条规定：“自由就是指有权从事一切无害于他人的行为。因此，个人的自然权利的行使，只以保证社会上其他成员享有同样权利为限制。此等限制仅由法律规定之。”在我国，权利与义务是统一的，没有无权利的义务，也不存在无义务的权利，宪法在确认基本权利的同时，也规定着相应的基本义务。此外，人权归根结底受到社会经济发展程度的制约，权利永远不能超出社会的经济结构以及由经济结构所制约的社会文化发展。

8.人权的价值功能

从近代开始，人权不仅获得了法律思想家的赞扬和歌颂，而且受到了政治实践家的青睐和推崇。在现代，保障人权成为最流行的政治术语，成为各国政治建设的根本目的。当今时代是人权旗帜高扬的时代，人权具有重要的价值功能。

其一，人权是专制政治与民主政治的分水岭，是衡量一种政治是野蛮还是文明的标准。“轻视人，蔑视人，使人不成其为人”，否定和践踏人权，是专制暴政的表现。反之，重视人，尊重人，肯定和保护人权，则是民主文明的象征。

其二，在文明国家，人权为国家权力的源泉，人权是国家权力设定的目的，是国家权力的来源，是国家权力运作的边界。马克思在谈到德国国民议会的权力时写道：“国民议会本身没有任何权利——人民委托给它的只是维护人民自己的权利。如果它不根据交给它的委托来行动——这一委托就失去效力。到那时，人民就亲自出台，并且根据自己的自主的权力来行动……当国王实行反革命的时候，人民完全有权利用革命来回答它。”

其三，人权是法治的终极价值，是法治的基础和归宿。离开人权内容，即使有法律制度，也不会有法治。离开人权内容的法律，不是良好的法律，其实施并不必然保障人权，相反还可能造成对人权的侵犯，这已经为人类历史所证明。以人权为原则、以人权保障为目的而制定的法律，才是文明的、良好的法律。

其四，人权是消除暴力、建立秩序的良方。只有通过人权保障，社会秩序才有保证，国家才能长治久安。一方面，人权意味着对人的尊重，暴力与之不相容；另一方面，人权要求平等待人，“一切人，或至少是一个国家的一切公民，或一个社会的一切成员，都应当有平等的政治地位和社会地位”，建立在平等的人际关系上的社会秩序必然和谐稳定。

（三）人权是法律人文精神的核心

人权是一种独具特质的人文精神现象，这种特质根植于人权的双重属性。一方面，人权具有道德属性。人权是“做人的那些必需条件，是衣、食、住的权利，是身体安全的保障；是个人‘成我至善之我’，享受个人生命的幸福，因而达到人群完成人群可能的至善，达到最大多数人享受最大幸福的目的上的必需的条件”。另一方面，人权具有法律属性。人权是法律的终极价值，是法律的基础和归宿。

夏勇指出，从人权的精神来看，人权有三义：从人的发展、完善来看，人权富于人道精神；从治国方法来看，人权富于法治精神；从整个人类的进步来看，

人权富有大同精神。齐延平也认为，人权精神就是一种人在人与自然、人与社会、人与自我的对立关系中先行承认个人，并视个人为首要的道德良知和道德价值判断主体的精神，它构成了近现代人类政治法律理想生长的胎盘，也构成了近现代人类政治法律制度建设的全部内容。

人权由一般道德诉求转化为法律人文精神，关键在于人权入宪。人权入宪使得一个国家的政治、经济、文化等方面的制度构建以保障和实现人权为出发点和归宿，从而使得整个社会“存在着对人的自然本质人性的普遍尊重，并由这种人的自然本质决定人的起始性的社会地位和人与人之间的法律关系”。从世界各国的做法看，人权入宪有三条路径。一是确认基本人权原则。自1791年法国宪法以《人权宣言》作为序言后，绝大多数国家宪法都确认了基本人权原则。二是规定人权内容。不同历史时期的宪法对人权内容的规定不尽相同。一般说来，18世纪和19世纪的宪法主要规定生命权、自由权、平等权、财产权；一战至二战期间的宪法大多倾向于确认财产权、人身权、言论自由、宗教自由；二战以后的宪法规定的人权范围十分广泛，政治、经济、文化、教育方面的人权，社会保障、生存和发展、环境方面的人权，都在宪法中得以体现，“尤其是社会主义国家和广大发展中国家的宪法对集体人权给予了重视，并突出了生存权与发展权”。三是规定人权实现条件。这方面的规定分为两种方式：一种是直接方式，即宪法对人权保障作出明确规定。如葡萄牙宪法在规定每一种权利的同时，对该权利的保障作了规定，该宪法第二篇以“权利、自由与保障”为题，其三节标题分别为“权利、自由与人身保障”“参政的权利、自由与保障”“工人的权利、自由与保障”。另一种是间接方式，即宪法构建政治、经济、文化制度，促进社会全面发展，以此保障和实现人权。

人权不仅是现代法律人文精神的内容，而且是现代法律人文精神的核心。法律人文精神具有多方面的内容，如正义、自由、平等、秩序、民主等。在这些法律人文精神中，人权具有根本性。“正义只有通过良好的法律才能实现”，这一古老的法学格言表明法律与正义的密切关系。但是，正义体现在法律中，是将人权具体化为公民权利，并对公民权利与义务进行合理分配。哈佛大学教授罗尔斯指出，一个社会体系的正义，本质上依赖于如何分配基本的权利和义务，“正义的基本主题……就是主要的社会体制分配基本权利和义务以及确定社会合作所产生的利益分配的方式”。自由和平等是法律人文精神的基本内容，也是人权的基本内容，这一点从人权理论和人权法律规定中可以得到证明。法律秩序蕴含人文精神，法律建立和维护社会生活的正常秩序、建立和维护民主政治的运行秩序、建立和维护市场经济的运行秩序，归根结底是为人权实现创造社会、经济和政治条件。

赋予法律以人权精神，将人权作为法律的终极价值，将法律作为保障人权的根本手段，已经成为当代国际社会的普遍做法。我国不仅将人权作为立法的基本原则，以保护公民权利为法律的首要内容，而且将人权作为立法的基本原则，提倡人性化执法、文明执法；将人权作为司法的基本原则，使司法成为人权保障的最后的、关键性的环节。就我国人权立法而言，有三个基本特点：一是广泛性，人权的主体是广泛的，包括全体公民；人权的内容是广泛的，包括人权权利、政治、经济、文化和社会生活等方面的权利。二是公平性，权利与义务不仅对应而且平等，每个公民平等地享有宪法和法律规定的权利，同时履行宪法和法律规定的义务。三是真实性，我国已经初步建立起一个较为完整的人权保障体系，人权不仅有法律保障和制度保障，而且还有物质保障和社会保障。

二、法律与自由

（一）自由的含义

自由是一个笼统含糊、歧义丛生的概念，人们对它的内涵各持已见。如有些人认为，能够轻易地废黜他们曾赋予专制权力的人，就是自由；另一些人认为，选举他们应该服从的人的权利就是自由；另外一些人，把自由当作是携带武器和实施暴力的权利；还有些人把自由当作是受一个本民族的人统治的特权，或是按照自己的法律受统治的特权。

对于自由，从不同角度可以做出不同的界定。在原生意义上，自由是指原始初民处于自然状态下的那种不受约束地生活的状态，是一种不受限制、随心所欲、我行我素的状态。在哲学意义上，自由是对必然性的认识和把握。在道德意义上，自由是自觉与自愿的统一。在美学意义上，自由是对美的追求和享受。在法律意义上，自由是个人免受国家、社会和他人干涉、强制的权利，是个人能够自主选择和主张的权利。孟德斯鸠说：“在民主国家里，人民仿佛愿意做什么就做什么，这是真的；然而，政治自由并不是愿意做什么就做什么。在一个国家里，也就是说，在一个有法律的社会里，自由仅仅是：一个人能够做他应该做的事情，而不被强迫做他不应该做的事情……自由是做法律所许可的一切事情的权利；如果一个公民能够做法律所禁止的事情，他就不再有自由了，因为其他的人也同样会有这个权利。”

作为法律人文精神的自由，是法律意义上的自由。这个意义上的自由有思想自由和行动自由之分，也有积极自由和消极自由之别。思想自由包括信仰自由、言论自由、新闻自由等；行动自由包括迁徙自由、游行示威自由、订立契约自由等。积极自由是指从事某种活动（包括思想活动和实践活动）的自由，即自己作出决定并加以实施的自由；消极自由是指免于外界干涉的自由，即不受他人、国家和社会限制的自由。

（二）自由的人文意蕴

尽管人们对自由有着不同的理解，但大都认为它具有人文内涵。人之所以成为人，一个重要原因就是他具有自由的基本属性。历史上绝大多数理智健全且思想不偏激的思想家对此都不存怀疑。即使像康德那样的有着明显的不可知论倾向的思想家，都深信人的自由的存在；即使像奥古斯丁那样极端的神学论者也谨慎地为人的自由留下空间。自由对于人的意义至少可从以下三个方面进行说明。

1.自由是人的固有属性

人不仅是一个具有生物属性的生命体，而且是一个具有思维属性和社会属性的生命体。人的属性、人的本质决定了人本自由，决定了自由是人的固有属性。马克思认为，人的自由是“全部精神存在的类本质”“一个种的全部特性、种的类特性就在于生命活动的性质，而人的类特性恰恰就是自由的自觉的活动”。

2.自由是人之所以为人的重要条件

自由是人之所以为人的重要条件，这是从自由是人的固有属性这一命题中推演出的必然结论。马克思说：“不自由对人来说就是一种真正的致命的危险。”从现实看，“没有一个人反对自由，如果有的话，最多也只是反对别人的自由。可见，各种自由向来就是存在的，不过有时表现为特殊的权利，有时表现为普遍的权利而已”。

3.自由是人的幸福的重要因素

人的幸福与物质需要的满足密切相关，也与人的自由的享有息息相关。在特定条件下，自由对幸福起决定作用。这一点可以从诸多名人名言中得到印证。例如，德谟克利特说：“在一种民主制度中受贫穷，也比在专制制度统治下享受所谓幸福好，正如自由比奴役好一样。”帕特里克·亨利说：“不自由，毋宁死。”裴多菲·山陀尔说：“生命诚可贵，爱情价更高，若为自由故，二者皆可抛。”

（三）自由是一种法律人文精神

自由是人的属性，是人的主体性的表现。没有自由，人就不是主体；如果人在与自然的关系上没有自由，就只能像其他动物一样消极地适应自然，受自然的奴役；如果人在社会中没有自由，就意味着要受到统治者的奴役。从人类历史看，奴隶之所以成为奴隶，最根本的原因就在于没有自由。被非法剥夺的人为自由而抗争的行为受到法律的肯定，法律蕴含自由精神。

在这里，我们从三个方面对自由作为法律人文精神进行阐释。

1.人的自由是法律存在的理由

在应然上，自由为人所固有；在实然上，自由常常受侵害。“人是生而自由的，但却无往不在枷锁之中”，卢梭的这句名言揭示了自由的理想与现实之间的矛盾。人具有社会性，这种社会性是合群性与自主性的统一。合群性是人与人相互交往、团结协作、和睦相处的基础，自由在此意味着人们能够互相尊重。自主性表明人与人之间的差异，它决定了人们之间的不同价值追求，自由在此表现为个人奋斗和自我实现。很显然，这种自由如果处理不当，就会造成社会秩序的混乱，最终使所有人都失去自由。因此，基于自主性的自由是必要的，但必须受到一定的限制。这就需要法律的介入。法律以权利和义务的方式公平地分配社会资源以及社会合作的利益与负担，为基于自主性的自由确立范围和尺度，在这一范围和尺度之内，每个人平等地享有自由。正是在这个意义上，马克思对自由做出如下界定：“自由就是从事一切对别人没有害处的活动的权利。每个人所能进行的对别人没有害处的活动的界限是由法律规定的，正像地界是由界标确定的一样。自由这项人权并不是建立在人与人相结合起来的基础上，而是建立在人与人分隔的基础上。这项权利就是这种分离的权利，是狭隘的、封闭在自身的个人的权利。”

2.人的自由是法律的内在精神

马克思说：“法律不是压制自由的手段，正如重力定律不是阻止运动的手段一样。……恰恰相反，法律是肯定的、明确的、普遍的规范，在这些规范中自由获得了一种与个人无关的、理论的、不取决于个别人的任性的存在，在这些规范中自由的存在具有普遍的、理论的、不取决于个别人的任性的性质。法典就是人民自由的圣经。”人的自由是法律的内在精神，法律是人的自由的制度保障。

一方面，法律对公民所享有的自由做出规定，从而使人的自由成为法律的重要内容。目前，各国宪法和法律所规定的自由一般包括以下几个方面：①政治自由，如集会、结社、游行、示威的自由；②经济自由，如契约自由、买卖自由；③思想自由，如言论和出版的自由、宗教信仰自由、进行科学研究和文学艺术以及其他文化活动的自由；④人身自由，如迁徙自由、居住自由。

另一方面，法律构建保障自由的制度，从而使人的自由得到国家强制力的保障。法律对人的自由作出规定仅仅是完成了从应然到实然转化的第一步，为人的自由的实现提供了一种可能性，但这显然是不够的，法律自由还必须转化成为现实自由。要实现这一转化，没有制度保障是难以完成的。因此，各国宪法和法律在规定人的自由的同时，也构建了保障自由的制度，这些制度包括民主制度、分权制度、合同制度、程序制度、侵权责任制度等。

3.每个人平等地享有自由是法律的真谛

人是社会的人，所以任何人都不能随心所欲、任意妄为，否则会侵害他人自由并最终使自己失去自由。所以，自由必须受到法律的限制。但是，法律限制自由不是目的，而是为了保障每个人能够平等地享有自由。例如博登海默所说：“如果我们从正义的角度出发，决定承认对自由权利的要求乃是根植于人类自然倾向之中的，那么我们无论怎样也不能把这种权利看作一种绝对的和无限制的权利。任何自由都容易为肆无忌惮的个人和群休所滥用，因此为了社会福利，自由必须受到某些限制，这就是自由社会的经验。如果自由不加限制，那么任何人都会成为滥用自由的潜在受害者。”一般来说，当自由的行使存在以下情况时，法律予以限制：一是明显有害于他人利益和公共利益；二是明显有害于行为人自己，并最终有害于他人和社会；三是潜在有害于他人和社会。总之，自由不是绝对的，必须受到一定的限制，但限制自由的目的也仅仅是协调其他的社会利益和个人利益，因而法律的一个基本原则应该是尽可能地保护自由，把限制缩小到严格必要的程度。为了防止限制的滥用，必须使任何限制性规定尽可能的清晰、明确，并且可控。

第三节　法律与平等、安全

一、法律与平等

平等与自由是相辅相成的，“没有平等的自由，社会就会因为少数人的特权而走向自由的反面，最终扼杀自由；而没有自由的平等，更是毫无意义的。因此，人们所追求的是，一方面，每个人都应享有均等的自由；另一方面，这些自由应尽可能地广泛”。人类对自由的追求与对平等的追求总是联系在一起，“社会的经济进步一旦把摆脱封建桎梏和通过消除封建不平等来确立权利平等的要求提上日程，这种要求就必定迅速地扩大其范围。……这种要求就很自然地获得了普遍的、超出个别国家范围的性质，而自由和平等也很自然地被宣布为人权”。因此，在法律将自由作为其基本精神的同时，也将平等纳入其中。与自由一样，平等也是法律人文精神的基本形态。①

（一）平等及其观念演进

世界上找不到完全相同的两片树叶，也没有完全相同的两个人。在生活中，我们能见到各种各样的人，这些人不管是相貌还是心理都具有差异性，在人种、肤色、健康、智商、感情、性格、社会地位、教育程度等方面有着不同之处。人

①刘莲花．全国法律类专业职业教育规划教材法律基础[M]．武汉：武汉大学出版社，2021：121−129.

与人是不一样的，如何形成人与人之间的平等呢？这就涉及对平等的理解和界定。

在法学教材中，公平、正义、平等都曾作为基本法律价值被阐述。公平、正义和平等之间存在一定区别：平等是指人们的地位、权利和福利的相同；公平是对利益分配合理性的认定；正义则“除了包括其他东西以外，还包括防止不合理的歧视待遇、禁止侵损他人、承认基本人权、提供职业上自我实现的机会、设定义务以确保普遍安全和有效履行必要的政府职责、确立一个公正的奖惩制度等”。同时，它们之间有着明显的一致性，公平以平等为基础和内容，如人们在政治法律和社会方面的平等、机会的均等、收入差距不过大等往往被当作公平的表现；正义总是意味着某种平等，按照佩雷尔曼的说法，就是“对于从某一特殊观点看来是平等的人，即属于同一‘主要范畴’的人，应加以同样对待”。

平等本身是一个具有多种不同含义的概念。首先，它所指的对象可以是政治参与权利、收入分配制度，也可以是不同社会主体的社会地位与法律地位。其次，它的范围既涉及法律待遇的平等、机会的平等，也涉及人类基本需要的平等。最后，它可能关注保护诺成合同的义务与对应义务间的平等、关注在损害行为进行赔偿时做出恰当补偿或恢复原状，也可能关注在执行刑法时维持罪行与刑罚间的某种程度的均衡。在最一般意义上，平等意味着无差别，它反对等级、特权、歧视、压迫和奴役，要求同样的人同样对待、同样的事情同样处理，它强调标准或尺度的同一性。不同社会有不同的标准或尺度，因而平等随着社会发展也呈现不同的内容。现代意义的平等是权利平等、机会均等、规则公平、按贡献分配、基本需要的社会保障等方面的统一体，其核心是权利平等，包括政治权利、经济权利、文化权利、社会权利、人格权利等方面的平等。

与自由一样，平等也是人类孜孜以求的目标。原始社会实行生产资料公有制，人们共同劳动、平均分配。这种平等不是原始初民的自觉构建，仅仅是他们对极其低下的生产力水平做出的本能反应。奴隶社会的产生开启将人分为统治者和被统治者，并且两者之间存在严重不平等的社会历程。柏拉图曾想象人类是一种伟大的自然物，决定他们等级的主要因素是他们的智慧程度，他将理想国中的人分为三等：一等人由金子铸成，具有智慧的美德，适合做统治者；二等人由银子铸成，具有勇敢的美德，适合做军人；三等人由铜或铁铸成，具有节制的美德，适合做手工业者。至于奴隶，不属于人的范围，只是会说话的工具。孔子的思想中也有君子和小人的区分，主张“爱有差等”。即便是孙中山，也认为社会上存在三种人，即后知后觉者、先知先觉者、不知不觉者。后知后觉者掌握政权，称为“有权的人”，先知先觉者行使治权，称为“有能的人”，不知不觉者是群氓，只能听人“训政”。

在亚里士多德看来，“法律规定的所谓平等，就是穷人不占富人的便宜；两者处于同样的地位，谁都不做对方的主宰”。他认为，平等有两类，一是“数量相等”，即“你所得的相同事物在数目和容量上与他人所得的相等”；二是“比值相等”，即“根据各人的真价值，按比例分配与之相衡称的事物”。封建社会的生产力水平和人的地位在整体上较奴隶社会有了提升，但是等级特权、专制暴政使绝大多数人不成其为人。针对严重的社会不平等，中国一些思想家提出了“天下为公”的“大同社会”的构想，一些农民领袖提出了“等贵贱、均贫富”的要求，并试图通过起义建立“有田同耕，有饭同食，有衣同穿，有钱同使，无处不均匀，无人不饱暖”的“太平社会”。资本主义生产方式的兴起和发展，使人们对平等的要求更加强烈。资本主义生产是商品生产，而“商品是天生的平等派”。商品生产要求实现人与人之间的平等，也萌发了“人人生而平等”的现代平等理念。资本主义政权的建立和法治的推行，使得现代意义的平等逐步从理念转化为现实并不断发展和完善。无产阶级提出了平等的要求，这一要求的实际内容是“随着市场经济的崛起和依法治国的推进，现代意义的平等观念正逐步形成”。

（二）平等的人文意蕴

平等是一种人文精神，具有深厚的人文意蕴。具体表现在以下几个方面。

1.对平等的追求根植于人性之中

平等与自由一样具有人性的基础。如果说“自由感迫使人类去从事那些旨在发展其能力和促进其个人幸福的有目的的活动”，那么“对平等的要求则迫使人类同那些根据合理的、公认的标准必须被认为是平等的待遇，却因法律或管理措施所导致的不平等待遇进行斗争。它还促使人类去反对在财富或获取资源的渠道方面的不平等现象，这些现象当然是那些被认为是专断的和不合理的现象”。[①]

①博登海默. 法理学：法哲学及其方法[M]. 邓正来，译. 北京：华夏出版社，1987：2.

2.平等表明人的类本性、人的类本质的同一

正如文艺复兴时期人文主义者所宣称的：我是人，凡是人的一切特性，我无不具有。所有人都具有人的类本性、类本质，也就是说，所有人都具有同样的本性、同样的本质，这种类本性、类本质决定了人是天生平等的。马克思、恩格斯指出："平等是人在实践领域中对他自身的意识，也就是说，人意识到别人是和自己平等的人，人把别人当作同自己平等的人来对待。平等……表示人的本质的统一，表示人的类意识和类行为，表示人和人的实际的同一，也就是说，它表示人同人的社会关系或人的关系。"①

3.平等意味着所有人拥有人作为人的同等价值和尊严

恩格斯说："一切人，作为人来说，都有某些共同点。在这些共同点所及的范围内，他们是平等的，这样的观念自然是非常古老的。但是现代的平等要求与此完全不同；这种平等要求更应当是从人的这种共同特性中，从人就他们是人而言的这种平等中引申出：一切人，或至少是一个国家的一切公民，或一个社会的一切成员，都应当有平等的政治地位和社会地位。"② 作为一种普遍权利，平等权意味着所有社会成员一律平等，都拥有作为人的价值和尊严，而不论他们的家庭出身、宗教信仰、民族种族、性别年龄、教育程度、财产状况等方面有何不同。

4.平等是人的幸福的重要指数

对平等的感受是人获得幸福和快乐的心理基础。如果社会不平等，社会成果或社会职位的分配向一部分人倾斜，那么另一部分人就会因感受到不平等待遇而心理失衡，从而影响他们的幸福感。

（三）平等是一种法律人文精神

如何理解平等是一种法律人文精神？对于这个问题，我们可从以下三个方面展开。

---

①中共中央马克思恩格斯列宁斯大林著作编译局．马克思恩格斯文集(第1卷)[M]．北京：人民出版社，2009：264.

②马克思，恩格斯;中共中央马克思恩格斯列宁斯大林著作编译局译．马克思恩格斯选集(第3卷)[M]．北京：人民出版社，1995：444.

1.平等从法律思想转化为法律原则

人类对平等的追求为法律所肯定和确认，平等就成为法律人文精神。作为法律人文精神，平等在总体上是指公民在享有权利和承担义务方面处于同等的地位，任何人没有凌驾于法律之上的特权。平等从一种法律思想发展为一项法律原则，经历了一个较长的历史过程。

作为一种法律思想，平等早在古希腊时期就为有识之士所主张。亚里士多德曾经将法律平等作为“法治优于一人之治”的理由之一。在他看来，人治中的人尽管聪明睿智，然而“难免掺杂情感”，因而难以避免偏私。法治却可以避免这些弊端，因为法律是“免除一切情欲影响的神祇和理智的体现”“是一个中道的权衡”。作为一个政治口号，平等是在资产阶级革命时期正式提出的，这一口号对于激发资产阶级推翻封建等级特权制度的革命热情发挥了重要作用。作为一项法律原则，平等源于法国的《人权宣言》，并为法国宪法所肯定。随着欧美各资本主义国家的建立，平等成为资本主义法治的一项重要原则。社会主义国家建立之后，平等原则也为社会主义法治建设所遵循。例如，我国宪法确认了平等原则，宪法第33条规定中华人民共和国公民在法律面前一律平等。任何公民享有宪法和法律规定的权利，同时必须履行宪法和法律规定的义务；第5条规定，一切违反宪法和法律的行为，必须予以追究。任何组织或者个人都不得有超越宪法和法律的特权。不仅如此，宪法还规定了公民享有的平等权，包括政治、经济、文化教育等方面的平等权。此外，通过将宪法的平等原则转化为普通法律的规定，形成了保护平等的法律体系。

2.法律平等的主要内容

法律平等的主要内容可以从立法平等、适法平等和守法平等三个方面进行说明。

（1）立法平等

立法平等是适法平等和守法平等的前提，如果在立法中就已经含有歧视某些人的内容，那么必然带来适法和守法的不平等。这一意义的平等要求法律必须具有一般性和抽象性。只有一般且抽象的规则，才是实质意义上的法律。法律的一般性和抽象性具有这样的内涵：这些法律在本质上乃是长期性的措施，指涉的也是未知的情形，不指涉任何特定的人、地点和物，这种法律的效力也不是溯及既往的。在法律中，任何公民，不分民族、种族、性别、职业、家庭出身、宗教信仰、教育程度、财产状况、居住期限，都一律平等地享有宪法和法律规定的权利，也都平等地履行宪法和法律所规定的义务；法律不得含有对任何人表示歧视的内容。实现立法平等，需要重视以下三点：一是不得在立法中对人们进行不合理的分类；二是在立法中公平合理地分配权利和义务、配置法律行为与法律责任；三是运用差别原则对现实中的不合理差异进行矫正。这是补救意义的平等。例如，对弱势群体如残疾人、未成年人、妇女、老年人、失业者等的权益予以特殊保障。

对社会弱势群体权利的法律保护，是“运用差别原则对现实中的不合理差异进行矫正”的要求和体现。由于个人的自然、生理、经济、政治等方面的原因，任何社会都存在着处于弱势或边缘地位的社会群体。特别是在现代化过程中，由于科学技术的发展、经济体制的转型、社会分工的复杂和社会结构的重构，社会弱势群体更加多样化。我国社会转型过程中的社会弱势群体主要指国企下岗职工，城镇农民工，失业的人和待业的人，残疾人以及其他在经济上、文化上、政治上、心理上处于弱势地位或者不利状态的人群或阶层。弱势群体的处境是非常艰难的，以农民工为例，他们的权益普遍得不到保障，一是他们劳动强度高，劳动时间长，工作环境恶劣，缺乏最起码的劳动保护条件，并且工资被任意拖欠和克扣；二是生活和生存没有保障，农民工养老、失业、医疗、工伤、妇女职工生育保险等参保率不高，这给他们当前和未来的生活留下了极大的隐患。对于努力实现社会公正和平等的现代社会来说，保护弱势群体的利益已经成为一个重要而紧迫的社会问题。党和政府十分关注社会弱势群体的利益保护问题，提出了一系列保护弱势群体利益的措施。从法律角度来说，只有把社会弱势群体的利益上升到权利的范畴，特别是归结于生存权和发展权，并纳入国家的人权保护法律体系中，才能持之以恒、切实有效地保护弱势群体的利益。

（2）适法平等

适法平等是指法律面前人人平等，这是适用法律的基本原则和基本要求，意味着在法律适用的过程中，任何人都平等地享有法律规定的权利，任何人的合法权益都一律平等地受到保护；任何人都承担法律规定的义务，对于任何人的违法犯罪行为都应该严格依照法律规定加以制裁，决不允许任何违法犯罪分子逍遥法外。

（3）守法平等

一切社会主体都必须遵守法律，都必须在宪法和法律的范围内活动。平等是指公民在享有权利和承担义务方面处于同等的地位，任何人没有超越法律之上的特权。

3.法律对平等的保障作用

内含平等精神的法律对平等的实现具有重要的保障作用。首先，法律是具体明确的规范，它将平等要求转化为人们的权利和义务，从而为人们平等地享有权利和自由提供了具体的依据和现实的途径。其次，法律是强制性的规范，违法行为受到国家强制力的制裁，从而为摒弃少数人的特权、为人们普遍地平等地享有权利提供有力的保障。最后，法律通过发挥其维护社会秩序、发展经济文化事业、促进社会进步等的职能，为平等的实现提供切实的保障，使平等不至于流于空谈。总之，具有平等精神的法律将人、物和事归于一定的类别，并按照某种共同的标准调整它们，从而实现和促进平等。例如，我国民法典中对父母抚育子女的规定，对所涉及的父母都设定了义务。该规定一视同仁地适用于所有属于其效力范围之内的情形，从而打破了将抚养教育子女的义务归于父亲一方即所谓“养不教父之过”的传统抚育子女模式。

二、法律与安全

（一）安全及其与秩序的关系

安全也是人的基本需要，按照美国心理学家马斯洛的观点，人对安全的需要紧随生理需要之后。这里的安全既包括人的生命健康不受侵害，也包括人的财产不受侵犯。安全是人的生命得以存续的必要前提，也是人获得幸福的基本条件。如果某个公民不论在外面还是在家中都无法相信自己是安全的，无法保证自己和家人可以不受到他人的攻击或伤害，那么同他谈论幸福就是毫无意义的。正因如此，安全也为人类所追求。对此，博登海默写道：“追求安全的欲望促使人类去寻求公共保护，以抵制对一个人的生命、肢体、名誉和财产的非法侵犯。在现代社会中，它还要求公众帮助，使个人能够应对生活中的某些情形，例如老龄、疾病、事故和失业等。”

安全与秩序的区别是明显的。秩序强调的是社会运行中存在着某种程度的稳定性、确定性和连续性，安全则强调人的生命健康和财产免受外界的侵害；秩序是工具性的，安全是实质性的。但是，安全与秩序之间的联系也是密切的。秩序是安全的前提和基础，安全存在于一定的秩序之中；没有秩序就没有安全。正因为秩序对于安全具有如此重要的意义，因而它也成为人类追求的基本目标之一。历史经验表明，凡是建立了社会组织的地方，大到一个国家，小到一个家庭，都致力于维护秩序的稳定。人类建立和维护秩序的方式有很多，其中最主要的方式是专制集权和民主法治。

基于专制集权的秩序不能保障人的安全。专制集权中的社会关系是"强制型"的，即一方不顾他方的利益而向他方强加义务。由于强制方拥有绝对自由，而被强制方又没有任何自由，因而强制型关系不仅缺乏自由平等精神，而且会造成关系双方的敌对状态。在专制集权之下，掌权者的意志高于法律。掌权者以言立法、以言废法，不仅使法律不具有稳定性、连续性，而且易造成权力专横和暴政。因此，"在专制权力结构中的国民无法期望统治者的行为同一般性命令相一致，而这对于这些国民的行为来讲是具有决定意义的；因为这些命令并不拘束其制定者，而且严格遵守昨天发布的一般性命令，则会在今天或明天引起统治者的恼恨与报复欲望。每个个人都必须意识到统治者瞬时即变的怪念头，并力使自己的行为适应于统治者的怪念头。在这种政权结构中的国民的通常精神状况，肯定是忧虑不安的"。

基于民主法治的秩序使人的安全获得保障。民主法治与无政府状态、专制集权是相对立的：为了防止无政府状态，法律限制了私人权利；为了防止专制集权的暴政，法律控制了政府权力。不仅如此，民主法治倡扬和培育公民美德，有助于形成具有"和而不同"特质的社会秩序："在这种秩序下，一切卑鄙和残酷的私欲被抑制下去，而一切良好的和高尚的热情受到法律的鼓励；在这种秩序下，功名心就是要获得荣誉，为祖国服务；在这种秩序下，差别是从平等本身产生；在这种秩序下，公民服从公职人员，公职人员服从人民，而人民服从正义；在这种秩序下，祖国保证每个人的幸福，而每个人自豪地为祖国的繁荣和光荣而高兴；在这种秩序下，艺术成了高尚的自由的装饰品，商业成为财富的源泉，而不仅是几个家族的惊人富裕。"

（二）安全是一种法律人文精神

法律是建立和维护社会秩序的根本举措，法律的这一功能使得法律与安全联系在一起，法律为人的安全所必需。当人们将对安全的追求诉诸法律时，安全就成为法律的人文精神之一。在我国，宪法、安全生产法、产品质量法、食品卫生法、职业病防治法、消防法、刑法等一系列法律构成了保障安全的制度体系，使公民安全获得制度保障。具体来说，安全是一种法律人文精神，主要体现在以下三个方面。

1.法律秩序是最合理、最稳定的秩序

法律通过规定权利义务和法律责任，为构建法律秩序提供依据。在法律秩序中，各社会主体在宪法和法律规定的范围内活动，社会组织和公民个人依照宪法和法律规定行使权利、履行义务，国家机关及其工作人员依照宪法和法律规定运作权力、履行职责。在这里，政府依法行政具有尤为重要的意义，“如果行政行为和决定将会从根本上影响到许多公民，特别是穷人的福利和幸福，那么，行政行为对个人自由和财产的干预就不得超出民选立法机构授权的范围……授权范围之内的行政决定，也应当以正当的方式作出。如果没有保证这一点的手段，那么，生活将变得使人无法忍受”。

2.宪法和法律确认公共秩序的优先地位

宪法和法律确认公共秩序的优先地位，从而防止滥用权利破坏公共秩序的现象。自法国《人权宣言》规定“意见的发表只要不扰乱法律所规定的公共秩序，任何人都不得因其意见包括宗教观点而遭受干涉”以来，确认公共秩序的优先地位几乎成为世界各国宪法的通例。

3.宪法和法律禁止危害安全的行为

一种行为只要有害于安全，则不论是出自公民个人还是国家机关，也不论这种行为危害的是人身安全还是财产安全，法律都加以禁止。在各国宪法中，一般都有如下规定：除非在法律所规定的情况下并按照法律所指示的手续，不得控告、逮捕或拘留任何人，否则凡动议、发布、执行或命令者应受处罚；根据法律而被传唤或被扣押的公民应当立即服从，抗拒则构成犯罪。

结束语

本书通过深入研究法学理论与法律基础，对新时代背景下中国特色社会主义法学理论体系的发展和创新进行了深入思考，可以得出以下结论。

一是实事求是，以我国国情为依托完善法学体系。无论是哪个国家的法律建设，本质上都是与本国国情深度融合，并且立足于国情建设的成果。因此在当今背景下，进行中国特色社会主义法学理论体系的完善和发展，就需要坚持实事求是，解决时代发展遗留的法治问题，并不断坚持以马克思主义法学思想占领法学研究阵地，形成以中国特色社会主义法学理论体系为中心的法学理论研究体系、学科建设体系、课程建设体系。同时，在体现社会主义国家的国家性质的基础上，依照我国国情建立完善的管理体制，在法治化建设的道路摸索前行中不断总结出经验，形成中国的独特模式。要想在我国的法学理论体系中建出中国特色，就需要探讨我国的现实社会，并且对社会的各种影响因素进行解读，我国的经济基础、社会性质、民族文化、群众素质，都是完善法学理论体系的参照点。

二是吸收世界法治文明成果，解决时代命题。我国的法学理论体系建设的时间不长，世界上很多优秀的法治文明建设成果，能为我国的法学理论体系提供理论支撑。实践证明，向世界法治建设成果“取经”是时代所趋，是我国敢于面对时代发展的需要，肩负时代使命的一种回应。我国法学理论体系的完善和发展，是在不断借鉴和改良中，取其精华去其糟粕形成的，并且建设的主要目的是解决时代命题，借鉴也是为了避免在法治建设中出现误判的情况。

三是因时制宜，以务实的改革态度实现立法。完善我国的法治建设也应当遵循时代的步伐，根据时代发展的需要，定向打造法律体系。法律体系的完善，需要建立在社会发展和社会进步的基础上，并且为社会主义的发展、实现中华民族的伟大复兴铺平道路。

四是重视人才的力量，培养实践型法律人才。推进全面依法治国的方针政策，就需要以在法学学科体系的建设之下，重视人才的力量。高等院校作为法学人才的培养基地，更应当担负起培育法治人才，打破社会的壁垒，强化社会法学工作者与学生的交流沟通，并在实际工作中，引进优质的实践教学资源，让学子在学习阶段，就能接受到最新的实践教育，让学生在实践中提升自身的法律素养，以高校育人和社会育人的双重模式，提升人才的培养质量，为我国的法学理论体系的完善输送高素质人才。

由于受知识的广度和深度、资料来源、研究时间等因素的限制，书中的一些内容探析还不够深入。希望读者阅读本书之后，在得到收获的同时对本书提出更多的批评建议，也希望有更多的研究学者继续深入研究，共同促进法制建设发展。

参考文献

[1] 宋述贤，巩绪福，严苗．高校法学教育与德育管理[M]．长春：吉林人民出版社，2021．
[2] 谷春德，杨晓青，等．法学概论[M]．6版．北京：中国人民大学出版社，2021．
[3] 高其才．法学基础[M]．北京：清华大学出版社，2021．
[4] 黄玉敏．法学基础理论与应用[M]．2版．北京：高等教育出版社，2022．
[5] 周祖成．立法学[M]．北京：中国法制出版社，2022．
[6] 夏锦文，曾宪义．法学概论[M]．5版．北京：中国人民大学出版社，2022．
[7] 林丁，李石松，图雅．法学教育改革的探索与实践[M]．北京：北京燕山出版社，2022．
[8] 李占荣．法学热点追踪（第1辑）[M]．杭州：浙江工商大学出版社，2022．
[9] 陈柏峰．什么是法学/走进大学[M]．大连：大连理工大学出版社，2022．
[10] 陆宇峰．系统论法学新思维[M]．北京：商务印书馆，2022．
[11] 孙明．当代法学教育创新与实践研究[M]．北京：新华出版社，2022．
[12] 刘旺洪．法学专业实践教学改革探索[M]．南京：南京大学出版社，2022．
[13] 高立．法学概论[M]．沈阳：东北大学出版社，2021．
[14] 吴祖谋，李双元．法学概论[M]．14版．北京：法律出版社，2021．
[15] 孙彬，王燕军．实用法律基础[M]．2版．北京：中国人民大学出版社，2022．
[16] 王健，王恒亮，郭凤丽．法律基础与教育研究[M]．北京：线装书局，2022．
[17] 戴永志．行政法律基础理论与实务[M]．北京：中国法制出版社，2022．
[18] 李蔚．实用法律基础[M]．2版．双色版．镇江：江苏大学出版社，2022．
[19] 赵威，魏丹，徐西鹏．法律基础[M]．北京：清华大学出版社，2021．
[20] 金磊．法律基础知识[M]．北京：北京理工大学出版社，2021．
[21] 王静．法律基础与实务[M]．北京：北京燕山出版社，2021．
[22] 侯春平，侯斌，等．法律基础教程[M]．北京：清华大学出版社，2022．
[23] 刘莲花．全国法律类专业职业教育规划教材法律基础[M]．武汉：武汉大学

出版社，2021.

[24] 法律出版社法规中心．中华人民共和国法律全编（2023版）[M]．北京：法律出版社，2023.

[25] 中国法制出版社．2023法律法规全书系列中华人民共和国常用法律法规全书含司法解释[M]．北京：中国法制出版社，2023.

[26] 中国法制出版社．法律政策全书系列民事强制执行法律政策全书（2023版）[M]．北京：中国法制出版社，2023.

[27] 法律出版社法规中心．法律法规全书系列中华人民共和国行政执法法律法规全书（2023版）[M]．北京：法律出版社，2023.

[28] 中国法制出版社．2023法律法规全书系列中华人民共和国司法行政法律法规全书[M]．北京：中国法制出版社，2023.

[29] 帕舒卡尼斯，姚远，丁文慧，等．马克思主义法学理论与社会主义建设[J]．当代国外马克思主义评论，2020（02）：27–38.

[30] 彭雪松．新时代思想道德修养与法律基础课程中法律基础部分教学目标定位[J]．才智，2020（36）：43–45.

[31] 善托娅．思想道德修养与法律基础课程中的法治思维培养[J]．公关世界，2022（08）：115–116.

[32] 刘珂．中国现代化法学理论的发展[J]．百科知识，2020（27）：15–16.

[33] 李石松．探索中国特色社会主义法学理论体系的建设发展路径[J]．吉林广播电视大学学报，2020（09）：133–134.

[34] 付媛．法学理论课程实践性教学改革研究[J]．法制与社会，2020（25）：164–165.

[35] 何福君．论评价新时代法学理论研究质量的三重维度[J]．法制与社会，2020（23）：1–2.

[36] 陆平．马克思主义法学理论探析：兼论新时代法治理论[J]．学理论，2020（06）：78–80.

[37] 乔中国．“法律基础”课案例分析教学法浅议[J]．思想理论教育导刊，2002（03）：32–33.

[38] 呼和．法律基础课案例教学法探究[J]．内蒙古师范大学学报（教育科学版），2015，28（12）：128–129.

[39] 李悦霞，李洪涛．《法律基础》教学的几点思考[J]．河北医科大学学报，2005（06）：206–207．

[40] 万筱萍．新时代大学生法学素质的培养与法律基础课程建设[J]．清华大学教育研究，2002（03）：105–108．

[41] 张鹏富．新时代高校思想道德修养与法律基础课程教学改革研究[J]．吕梁学院学报，2022，12（02）：79–81．

[42] 时瑞燕．以问题意识探析法学研究的创新方法[J]．法制博览，2021（22）：187–188．

[43] 邱爱民．论行政执法证据法学理论体系的建构[J]．扬州大学学报（人文社会科学版），2021，25（04）：32–43．

[44] 赵丽君．提高人文素质增强实践能力："法律基础"课的教学实践与探索[J]．思想政治教育研究，2000（04）：44–45．

[45] 克劳斯–威廉·卡纳里斯，钱炜江译．法学理论的功能、结构和证伪[J]．法律方法，2021，33（01）：3–29．

[46] 刘斌．马克思主义法学理论对中国法治建设的当代价值[D]．聊城大学硕士学位论文，2020．

[47] 王忠华．法学基础理论研究现状及批判[D]．贵州大学硕士学位论文，2021．

[48] 滕晓东．积极推进法学理论研究不断提升法学会工作水平[N]．民主与法制时报，2021–08–19（005）．

[49] 张译心．推动法学理论研究持续深入发展[N]．中国社会科学报，2020–12–11（001）．

[50] 张清俐．创新数字时代法学理论[N]．中国社会科学报，2022–03–14（002）．